———— 重 新 定 义 思 想 之 美 ————

打造高质量社群

郭晓林 ◎ 著

浙江大学出版社
·杭州·

图书在版编目（CIP）数据

打造高质量社群 / 郭晓林著. -- 杭州 : 浙江大学出版社, 2025. 1. -- ISBN 978-7-308-25290-4

Ⅰ. F279.23

中国国家版本馆CIP数据核字第2024YA8784号

打造高质量社群

DAZAO GAO ZHILIANG SHEQUN

郭晓林　著

责任编辑	吴沈涛
责任校对	陈　欣
封面设计	仙境设计
出版发行	浙江大学出版社
	（杭州市天目山路148号　邮政编码310007）
	（网址：http://www.zjupress.com）
排　　版	杭州林智广告有限公司
印　　刷	杭州钱江彩色印务有限公司
开　　本	880mm×1230mm　1/32
印　　张	6.75
字　　数	89千
版 印 次	2025年1月第1版　2025年1月第1次印刷
书　　号	ISBN 978-7-308-25290-4
定　　价	62.00元

版权所有　侵权必究　　印装差错　负责调换

浙江大学出版社市场运营中心联系方式：0571-88925591；http://zjdxcbs.tmall.com

前　言

企业家群体始终是推动经济发展与社会进步的重要力量。面对竞争激烈且瞬息万变的商业环境，越来越多的企业家逐渐意识到，单打独斗的时代已经过去，唯有互相合作、共享资源，才能更有效地应对挑战、实现商业突破。正是在这样的背景下，企业家社群应运而生，成为企业家群体交流思想、分享经验、寻求合作的重要平台。

然而，如何有效地运营和管理企业家社群，确保其能够持续地为企业家群体创造价值，实现长期稳定发展？这不仅是每一位企业家社群管理者都必须直面的重大课题，同时也是一个值得深入探讨的关键问题。

过去近十年间，我有幸参与并见证了多个企业家社群的成长与蜕变，不仅深切感受到了企业家社群对于企业家个人成长及企业发展的深远影响，同时也清晰地意识到了企业家社群在运营过程中所面临的诸多挑战。

基于多年的实践与思考，我从企业家社群的实际出发，总结出了一套关于企业家社群运营与管理的实战方法，旨在为企业家社群的管理者以及所有对企业家社群抱有浓厚兴趣的读者提供一份全面的企业家社群运营指南。希望读者通过阅读本书，不仅能够有效掌握运营企业家社群的知识与技巧，还能够从中获得灵感与启发，为企业家社群注入新的活力。

在本书即将付梓之际，我要特别感谢浙江大学出版社编辑吴沈涛，以及瞪羚图书团队的辛勤付出。在整个出版过程中，他们的专业指导、细致校对与不懈努力，让本书能够以更完美的形态呈现在读者面前。

最后，我真诚地希望本书能够成为所有企业家社群管理者的常备读物，给大家的实际工作提供帮助。同时，我也期待读者能够通过本书，更深入地挖掘企业家社群的价值与潜力，共同推动企业家社群的创新与发展。

在这个机遇与挑战并存的时代，让我们携手前行，共同探索企业家社群的无限可能。

郭晓林

目 录
CONTENTS

第一章 全面了解企业家社群   001

01 企业家社群的类型   003
02 企业家社群的发展阶段   008
03 加入企业家社群可以获得哪些好处   013
04 卓越的企业家社群具有哪些特征   021
05 消除误解，发掘社群的无限价值   028

第二章 运营的核心：提供服务和价值   035

01 信息服务   037
02 资源对接服务   043
03 知识服务   048
04 品牌宣传与推广服务   054
05 心理支持与情感关怀   060

第三章　企业家社群运营实操　　065

01　如何办好线下游学活动　　067
02　如何邀请重量级嘉宾参加社群活动　　074
03　如何举办一场高质量的企业家社群年会　　081
04　如何运营自媒体　　088
05　如何加强与外部组织的合作　　096
06　如何通过多种渠道获取收入　　100
07　如何扩大会员规模　　106

第四章　社群的管理与维护　　113

01　如何打造一个优秀的运营团队　　115
02　如何建立并完善各项规章制度　　121
03　如何建立社群文化　　131
04　如何平衡不同会员的需求　　135
05　如何应对会员之间的矛盾　　139
06　如何提升会员的积极性和活跃度　　144

第五章　私董会：企业家社群的进阶玩法　151

01　私董会的价值　153
02　如何组建私董会　157
03　私董会的会议流程　164
04　如何找到一名优秀的私董教练　170

第六章　企业家社群的高质量发展之路　175

01　数字化赋能社群运营　177
02　满足新一代企业家的期望　183
03　打造企业家社群品牌　188
04　重视社会责任和可持续发展　197

第一章

全面了解
企业家社群

企业家社群，指的是由一群具有创业精神和共同商业理想的企业家组成的社群。在现代商业社会的广阔舞台上，企业家社群为企业家群体提供了一个交流学习和共同成长的平台。借助企业家社群这个宝贵平台，来自五湖四海、各行各业的企业家得以汇聚一堂，他们互相分享宝贵经验、积极拓展人脉资源、主动寻求合作机会，携手面对商业世界中的种种挑战与机遇。在这一章中，我将从多个角度揭开企业家社群的神秘面纱，带你全面而深入地了解企业家社群。

01　企业家社群的类型

当前,中国的企业家社群呈现出蓬勃发展的态势,成为推动经济发展和社会进步的重要力量。企业家社群种类繁多,不同类型的企业家社群具有不同的价值与作用。接下来,我将详细阐述企业家社群的具体类型,以帮助大家更深入地了解不同类型的企业家社群。

线上社群与线下社群

根据企业家社群的组织形式,我们可以将企业家社群分为线上社群和线下社群两大类。这两种不同类型的企业家社群在运作模式、交流频率以及互动深度等方面各具特色。

线上社群主要依赖各类互联网平台来支持社群会员之间的互动，其优势在于不受时间和地域的限制，能够将各地的企业家聚集在一起，实现信息的快速传递。当然，尽管线上社群互动方便，但它在建立信任感和深度连接方面，往往不如线下社群。

线下社群则以活动为核心，会定期举办沙龙、研讨会、交流聚餐等线下活动。其特点在于互动更为真实，面对面的交流与互动往往能够增强社群会员之间的信任关系和合作意愿，促进社群会员之间建立更加深厚的友谊。而线下社群的缺点则在于容易受到时间和地域的限制，组织成本相对较高。

值得注意的是，近年来，越来越多的企业家社群开始探索线上与线下相结合的新模式，即形成一种"线上+线下"的融合型社群模式。这种模式既保留了线上互动的高效性，又通过线下活动强化了社群会员之间的信任与合作关系，实现了优势互补。

同业社群与跨业社群

根据社群会员所属行业，我们可以将企业家社群分为同业社群和跨业社群两大类。

同业社群，正如其名，由来自同一行业或同一领域的企业家组成。同业社群的优势在于其提供的信息和服务具有较强的针对性，能帮助社群会员第一时间了解行业的发展动态。此外，由于社群会员来自同一行业或同一领域，彼此有着相似的背景或经历，因此，社群会员之间的交流通常比较顺畅。

而跨业社群则汇聚了来自不同行业或不同领域的企业家。这类社群能够给企业家提供多元化的视角和丰富的资源，有助于社群会员打破行业壁垒，获取新的商业灵感，并寻求跨界合作的机会。

学习型社群、资源型社群与合作型社群

根据社群的主要目标，我们可以将企业家社群分为学习型社群、资源型社群和合作型社群。

学习型社群注重知识共享与能力提升。在经营企业的过程中，企业家会遇到各种各样的问题，而学习型社群正是一个为企业家群体提供信息和知识的平台。学习型社群经常会邀请各个领域的专家，组织培训、讲座、读书会等活动，以帮助社群会员拓宽视野、提升能力。

资源型社群则更注重资源的对接与整合，帮助社群会员实现业务拓展。这类社群往往会定期组织项目路演、资源对接会、投资洽谈会等活动，以帮助企业家群体找到潜在的合作伙伴。

合作型社群则是以合作共赢为主要目标，社群会员之间通常拥有共同的商业目标或愿景，企业家社群的作用主要是推动社群会员之间建立更加紧密的合作关系。一般而言，合作型社群的社群会员之间往往具有更高的信任度，达成深度合作的概率也更高。

高端社群与大众社群

按照社群会员的背景，我们可以将企业家社群分为高端社群和大众社群。

高端社群一般由拥有丰富经验和较高社会地位的企业家组成。这类社群通常具有较高的进入门槛，社群会员多为行业领袖、资深企业家或成功创业者。高端社群的优势在于其资源的稀缺性，也就是说，社群会员往往可以通过这类企业家社群接触到更多优质的合作机会和商业信息。

相较于高端社群，大众社群则更加开放，进入门槛相对较低。相较于高端社群，大众社群更注重交流的广泛性和社群会员的活跃度，适合那些希望拓展人脉、获取商业信息的创业者。

02　企业家社群的发展阶段

一个企业家社群从成立到壮大,通常会经历几个不同的发展阶段。在不同的发展阶段,企业家社群会表现出不同的特点,面临不同的挑战。对于每一个想要建立或运营企业家社群的人而言,了解并把握企业家社群在不同发展阶段的特点和挑战,有助于其在企业家社群的成长过程中,做出更明智的决策,从而促进企业家社群的健康发展。

萌芽期

萌芽期是企业家社群的起步阶段。在这个阶段，企业家社群就像一颗刚刚破土而出的种子，社群的定位与发展方向还不是非常明确，缺乏固定的活动和机制，社群会员数量有限，且互相之间的联系相对较弱。此时，企业家社群的创始人扮演着至关重要的角色，是推动社群发展的核心力量。其需要明确社群的定位、愿景、价值观，并决定社群的未来发展方向。

发展期

随着社群规模的不断扩大和会员数量的快速增长，企业家社群就进入了发展期。相较于萌芽期，处于发展期的企业家社群往往已经初具规模，社群的活跃度和吸引力持续提升，社群会员之间的联系日益紧密，从最初的简单交流转向更深入的探讨。在企业家社群内部，社群会员不再仅仅满足于信息的获取，而是开始主动分享自己的经验与资源。主题分享会、案例分析会等多样化的活动层出不穷，逐渐成为社群的常态。

当然，处于发展期的企业家社群也面临着诸多挑战。随着社群会员数量的增加，信息的碎片化、交流的混乱、社群氛围的微妙变化等问题逐渐浮出水面。因此，在发展期，社群创始人的角色显得尤为重要，其需要建立并不断完善社群管理机制，确保社群能够沿着既定的方向稳步前行，实现健康发展。

成熟期

经过发展期的积累，企业家社群会逐渐进入成熟期。在这一发展阶段，企业家社群的规模已经相当可观，社群会员之间的互动更加频繁，社群的品牌影响力和知名度也达到了一个较高的水平。可以说，进入成熟期的企业家社群会成为众多企业家获取信息、拓展人脉、寻找合作伙伴的重要平台。此外，在社群运营方面，进入成熟期的企业家社群，不再仅仅依靠社群创始人或少数核心会员的推动，而是形成了一套相对完善的自我运作机制。比如，社群内部可能会有一支由热心会员组成的管理团队，负责组织活动、维护秩序、对接资源等，从而保证社群的活力得以持续。

值得注意的是，虽然进入成熟期的企业家社群看似稳定，但仍然需要不断创新和调整，以确保社群能够与时俱进，满足社群会员不断变化的需求。比如，随着商业环境的变化，企业家社群需要根据社群会员的需求，增加新的主题分享，或引入外部专家对社群会员进行指导，从而保持企业家社群的吸引力与活力。

转型期

成熟期并不是企业家社群的终点，而是一个新的起点。随着时间的推移，处于成熟期的企业家社群可能会遇到一些新的挑战，比如会员需求的变化、社群规模的增长导致管理难度加大、社群定位与外部环境的变化等，这些新的挑战都要求社群进行相应的调整与升级，进入转型期。也就是说，转型期是企业家社群重新定位和寻求突破的重要阶段。在这个阶段，社群管理者需要审视社群的现状，思考社群的核心价值是否依然满足会员的需求，是否需要引入新的运作模式以探索更大的发展空间。

持续发展期或衰退期

在转型期之后，企业家社群往往会走向两个不同的方向：持续发展或逐渐衰退。能够进入持续发展期的企业家社群，通常是找到了与时俱进的价值定位，能够不断满足社群会员的需求，并持续提供高质量的内容与活动，社群的品牌影响力和商业价值进一步提升，甚至成为行业内的标杆。而进入衰退期的企业家社群，则往往因为没有及时调整发展战略，无法满足社群会员的需求，从而导致社群活跃度下降、会员数量减少、影响力减弱等问题，最终走向解散。

对于社群管理者来说，如何让企业家社群不断适应变化，避免进入衰退期，是一项至关重要且艰巨的任务。社群管理者需要时刻保持对环境的敏感度，定期与社群会员沟通，了解他们的需求和想法，并及时做出相应的调整，以保持社群的生命力与活力。

03　加入企业家社群可以获得哪些好处

在当今竞争激烈、瞬息万变的商业环境中,企业家社群不仅是一个将企业家群体紧密联系起来的人际网络,更是一个能够激发创新、提供支持、促进合作的重要平台。对于企业家而言,加入企业家社群是一个非常明智的选择,可以获得诸多好处。

拓展人脉

对于企业家而言,人脉资源往往是推动事业发展的关键因素之一。企业家社群是一个汇聚精英的平台，加入企业家社群，有助于企业家突破原有的社交圈，迅速接触到更多的商业精英。对于企业家来说，这些人既可能是未来的合作伙伴、客户，也可能是能够帮助自己解决难题的"贵人"。以我所在的企业家社群为例，有不少社群会员因为相识结缘，最终成了合作伙伴和商业盟友。比如，一位做智能家居的企业家，通过社群认识了一位专注于物联网技术的创业者，两人一拍即合，迅速展开合作，开发出了一套智能家居解决方案，进而成功打开了市场。这样的案例数不胜数。通过企业家社群，企业家不仅可以拓展人脉，还能够与其他企业家建立高质量的人际关系，为未来的合作奠定基础。

获取高质量的信息

现代商业环境瞬息万变，信息流通和更新的速度越来越快，如何在短时间内获取高质量的信息，成为企业家面临的重大挑战。而加入一个优秀的企业家社群，有利于企业家快速获取高质量的信息。

首先，企业家社群能够通过组织交流与讨论、分享行业报告等方式，帮助社群会员及时了解最新的行业动态、市场趋势、政策变化、技术创新等关键信息。借助这些关键信息，企业家能够及时调整自己的战略，甚至发现新的市场机会，避免掉入信息滞后的陷阱。

其次，企业家社群内的信息往往都是经过筛选和验证的，信息质量高。在大多数开放的社交平台上，信息质量良莠不齐，一些虚假或片面的信息可能会误导决策。而企业家社群则是一个相对封闭且高质量的信息交流平台，社群会员通常会分享经过实践检验的有效信息，使社群内部的其他企业家能更迅速地掌握有价值的行业信息，从而做出更加明智的决策。

最后，企业家社群往往汇聚了各行各业的精英，社群会员往往都拥有丰富的行业经验和深厚的专业背景。身处企业家社群，社群会员可以直接与行业大佬、资深专家进行互动，获取他们的独家见解和第一手的行业动态。这些信息对于任何一位渴望成长的企业家而言，都是宝贵的财富。

借鉴他人经验解决难题

每位企业家在创业或经营企业的过程中都会遇到各种各样的挑战与难题。而企业家社群正是一个能够帮助企业家找到解决方案的地方。

一方面,企业家社群通常会举办各种各样的经验交流活动,内容广泛,涉及业务运营、领导力提升、企业文化建设、创新管理等多个方面。在这些经验交流活动中,资深企业家往往愿意慷慨地分享他们通过实践摸索出来的策略与技巧,这些经过实践检验的宝贵经验通常具有非常强的实用性,是许多企业家通过常规的课程或培训难以获得的。

另一方面,在企业家社群里,企业家可以向有经验的同行请教,寻求建议和帮助。记得有一次,一位做跨境电商的社群会员在社群里提问,表示自己在产品出口报关时遇到了政策调整,不知道如何应对。很快,几位在跨境贸易领域有经验的社群会员主动分享了他们的经验和建议,帮助他顺利解决了问题。正是这种及时且有效的帮助,让很多企业家在面对难题时能够迅速找到解决方法。

获得学习机会，助力个人成长与企业发展

企业家的成长与企业的发展息息相关。企业家要想让自己的企业在竞争激烈的市场中保持领先地位，就必须不断学习新的知识，掌握实用有效的经营技能和管理技巧。很多优秀的企业家社群会定期组织培训、讲座、沙龙、研讨会等各类活动，邀请行业专家、知名学者和成功企业家分享他们的经验和洞见，帮助社群会员不断更新知识结构，掌握最新的商业趋势和管理方法，提升企业管理、战略规划、市场营销等各个方面的能力。

例如，随着数字化和智能化的迅猛发展，很多传统企业面临着转型的压力。在企业家社群中，企业家可以通过参加专门的数字化转型讲座，学习如何利用大数据、人工智能等技术工具优化企业运营，提升效率，增强市场竞争力。这样的学习活动不仅能帮助企业家应对短期挑战，更能为其长期发展打下坚实的基础。

多样化的商业机会

企业在发展过程中,往往需要包括资金、人才、技术、渠道等在内的各种资源的支持。作为一个资源丰富的生态系统,企业家社群能够为企业家提供多种资源对接的机会。通过社群内的活动和交流平台,企业家能够展示自己的产品和服务,寻找潜在的客户和合作伙伴。许多企业家社群还会组织企业展示会、项目对接会等活动,帮助社群会员直接接触到有意向的客户和合作伙伴,促进商业合作。

例如,某位企业家的初创企业虽然拥有创新的商业模式,但由于资金短缺,难以实现进一步的规模扩张。通过社群的资源对接会,这位企业家得以向多位投资人展示自己的项目,最终获得了500万元的融资,让他的企业迈上了新的台阶。这样的资源对接机会,是很多企业家在独自奋斗时难以获得的。

拓宽视野,激发灵感

创新是企业持续发展的动力,然而,创新的灵感往往来源于跨界的交流与碰撞。许多企业家社群汇聚了来自不同行业、拥有不同背景的企业家，这些企业家之间的交流往往能够激发出新的想法与创意。例如，有一位传统制造业的企业家，加入社群后结识了一位专注于数字化转型的创业者。两人在一次活动中进行了深入的交流，前者受到了启发，开始尝试将数字化管理运用到企业的生产流程中，大大提高了生产效率，降低了成本。这种跨界的交流与学习，为社群会员带来了更多的创新机会，也为他们的企业注入了新的活力。

获取支持与鼓励

创业是一条充满挑战的道路。企业家常常要面对来自市场、竞争对手、客户以及自身团队的多重压力。在这样的环境中，情绪上的波动和孤独感在所难免。加入企业家社群，企业家往往能够遇见一群和自己一样，正在为梦想而奋斗的人，并与他们建立一种情感上的联系。尤其是在创业早期或遭遇市场波动时，通过与其他社群会员的沟通与交流，企业家往往会发现，自己面临的困难并非个例，许多企业家也曾遇到过类似的挑战。来自其他社群会员的经验和建议往往能帮助企业家迅速调整心态、重新找回动力。我记得有一位社群会员，在创业过程中遭遇了严重的资金链断裂问题，陷入了深深的迷茫。通过与其他社群会员的沟通与交流，他不仅得到了来自他人的支持与鼓励，还从他人的经验分享中，找到了未来的发展方向。

04 卓越的企业家社群具有哪些特征

作为连接商业精英、汇聚优质资源的重要平台，企业家社群在现代商业环境中扮演着重要角色。对于企业家群体而言，企业家社群不仅是他们交流思想、分享宝贵经验的场所，同时也是获取商业机会与资源支持的重要平台。一个卓越的企业家社群能够极大地促进企业家的个人成长与企业的蓬勃发展。那么，什么样的企业家社群才能被誉为卓越的企业家社群？卓越的企业家社群都有哪些共同特征？接下来，我将逐一揭晓。

清晰的使命与愿景

在纷繁复杂的商业世界里，企业家社群如同繁星点点，各自闪耀。然而，真正能够引领潮流、激发潜能、成就辉煌的，往往是那些拥有清晰的使命与愿景的企业家社群。清晰的使命与愿景不仅是企业家社群存在的根基，更是企业家社群凝聚社群会员、吸引资源、实现长远发展的核心动力。

首先，清晰的使命能够明确社群的存在意义，赋予社群会员深层次的归属感与责任感。一个卓越的企业家社群，其使命通常基于对某一领域或人群的关注，以解决实际问题或推动行业进步为核心。这样的使命将社群会员的个人利益与社群的整体目标紧密结合，让社群会员在追求自身发展的同时，也为实现更大的目标贡献力量。

其次，清晰且具有吸引力的愿景能够激发社群会员的热情与创造力，让他们看到更大的可能性。当社群会员感受到社群的愿景与自己的事业追求相契合时，他们的参与度和投入度自然会大大提升。

最后，清晰的使命与愿景为企业家社群的管理与发展提供了坚实的基础。具体来说，清晰的使命与愿景为企业家社群制订规则、组织活动以及建立社群文化提供了方向。

总而言之，清晰的使命与愿景是卓越的企业家社群的显著特征之一，它们使企业家社群不仅是一个共享信息与资源的平台，更是一个激发共鸣、创造价值的共同体。换句话说，正是通过使命与愿景的引领，卓越的企业家社群才能超越功能性的需求，成为推动企业家个人成长与企业发展的重要力量。

优秀的运营能力

在当今这个充满机遇与挑战的时代，作为推动社会创新与经济发展的重要力量，企业家社群的运营能力直接决定了其能否在激烈的市场竞争中脱颖而出，成为引领行业潮流的先锋。对于企业家社群而言，优秀的运营能力具体体现在以下几个方面。

首先是精准掌控全局。一方面，企业家社群需要制订明确的战略规划，将长期目标拆解为分阶段的小目标，并以此为导向，组织社群活动和分配资源。另一方面，企业家社群必须具备快速响应和灵活调整的能力，能够根据社群会员的需求和外部环境的变化及时调整策略。

其次是持续为社群会员提供价值。企业家社群需要紧跟时代步伐，密切关注行业动态与趋势，定期邀请行业专家、成功企业家进行分享与交流，为社群会员提供前沿的市场洞见、实用的管理技巧与深刻的商业智慧。同时，鼓励社群会员进行经验分享与案例探讨，让每一次交流都碰撞出智慧的火花。

最后是对社群氛围的精心营造与维护。一个良好的社群氛围，能够有效激发社群会员的创造力，增强社群会员的归属感，从而促进企业家社群的长期稳定发展。在具体实践过程中，企业家社群需要关注社群会员的情感需求与心理体验，通过明确社群规则、举办团建活动、建立奖励机制等方式，营造和谐、包容、积极向上的社群文化，让每一位社群会员都能感受到社群的温暖与力量。

强大的资源能力

资源是推动一切发展的关键因素之一。对于企业家来说，加入企业家社群的一个重要目的就是通过企业家社群获得更多的资源。从这个角度来说，卓越的企业家社群之所以能够吸引众多优秀的企业家加入社群，往往是因为其拥有强大的资源能力。这种强大的资源能力主要体现在以下几个方面。

首先是拥有广泛的人脉资源。卓越的企业家社群往往汇聚了来自各行各业的精英人才，这些精英人才不仅拥有丰富的行业经验，还能提供宝贵的行业资源。通过社群内部的资源共享与互补，社群会员往往能够快速找到合作伙伴、供应商或者目标客户，甚至在面临资金短缺等困境时，能够获得来自其他企业家的有力支持与帮助。

其次是能够为社群会员提供专业服务。在日常经营过程中，企业家会面临各种各样的挑战，涉及法律、财务、税务、市场营销等诸多专业领域。而一个拥有强大的资源能力的企业家社群，能够凭借与各类专业服务机构的合作关系，为社群会员提供定制化的解决方案，从而有效助力社群会员获得个人成长与商业成功。

最后是资源的合理分配。一个卓越的企业家社群不仅能够汇集包括资金、技术、人才、商业机会、战略合作伙伴、市场渠道等在内的丰富资源，还能通过科学合理的机制设计，将这些宝贵的资源给到最需要它们的社群会员手中，从而实现资源与需求的精准匹配。

长远的发展眼光与创新精神

除了上述特征，卓越的企业家社群通常还具有长远的发展眼光与创新精神，能够持续不断地为社群会员提供丰富的资源与机会。

具体来说，一方面，具有长远发展眼光的企业家社群不会仅仅满足于眼前的成功，而是会积极主动地思考未来可能面临的挑战与机遇。举例来说，具有长远发展眼光的企业家社群会密切关注技术变革对商业模式可能产生的颠覆性影响，预判行业发展的新方向，并提前进行布局。这种前瞻性不仅能够让企业家社群在快速变化的商业环境中保持竞争力，同时也能为社群会员提供长期价值。

另一方面，创新精神是卓越的企业家社群的活力源泉。一个具有创新精神的企业家社群，总是能够摆脱传统思维框架的束缚，从新的视角出发去思考如何更好地服务社群会员。无论是探索新的活动形式，还是引入跨界的合作机会，具有创新精神的企业家社群能够不断给社群会员带来全新的体验。此外，企业家社群的这种创新精神也会通过潜移默化的方式影响社群会员，激发他们在各自专业领域内的创新意识，从而形成一种良性循环。

05　消除误解，发掘社群的无限价值

许多人在刚接触企业家社群时，对于企业家社群，或多或少都会有一些误解，比如，认为企业家社群就是一个小圈子里的人分享商业秘密的地方，企业家加入企业家社群就是为了吃喝玩乐，等等。事实上，这些都是因为局外人不了解企业家社群而产生的误解。接下来，我将重点围绕人们对于企业家社群的5大误解，揭示真相，以帮助人们更好地了解企业家社群，

发掘企业家社群的潜力与价值。

误解 1：企业家社群缺乏实质性价值

很多人对企业家社群有误解，认为企业家社群的主要活动就是吃喝玩乐，缺乏实质性价值。然而，事实并非如此。尽管在现实生活中，企业家社群举办饭局等各类活动的情况确实很常见，但这些活动只是形式，而非目的。实际上，企业家社群通过饭局等各类活动能够为社群会员提供连接更多资源的机会，从而为社群会员提供实质性价值。换句话说，企业家社群所组织的这些活动不是为了娱乐，而是为了给社群会员提供与他人交流、学习和合作的机会。正如社会学家费孝通所言："娱乐中的集体活动加强了参加者之间的社会纽带。"通过参加这些活动，企业家可以结识更多的优秀人才和潜在合作伙伴，互相分享经验和知识，共同解决问题，甚至建立战略合作关系。

误解 2：服务内容单一

很多人认为企业家社群的服务内容单一。然而，优秀的企业家社群会根据社群会员的特点、社群的规模和发展阶段，创新服务模式，为社群会员提供有针对性的各类资源或服务，包括但不限于提供行业研究报告、市场调研、专业培训、咨询服务、商业合作机会等。此外，一些企业家社群还会通过组织行业峰会、论坛和展览会等活动来促进社群会员之间的交流与合作。

误解3：企业家社群不能获取收入

对于企业家社群能否获取收入这个问题，人们也存在一些误解。作为社会团体，企业家社群虽然不能分红，但这并不意味着企业家社群不能获取收入。

实际上，企业家社群可以通过多种方式获取收入或活动经费。例如，企业家社群可以通过为社群会员提供增值服务的方式获取收入，包括但不限于提供独家行业报告、高级培训课程或专业咨询服务等。此外，企业家社群还可以组织一系列有价值的活动，如行业峰会、论坛、展览会等，通过赞助商和合作伙伴的支持，获取活动经费。

在收入和活动经费的使用上，企业家社群可以利用所获得的收入或活动经费组织更大规模、更高质量的社群活动，为社群会员提供更大价值的会员福利，如组织游学活动，让社群会员有机会参观国内外优秀企业，学习先进经验，从而进一步激发社群会员的积极性，提高社群会员的活动参与度，实现共同成长。

误解4：加入企业家社群需要支付巨额费用

很多人认为加入企业家社群需要支付巨额费用。实际上，许多企业家社群是可以免费加入的，只有在参与某些特定项目和活动时才需要支付相应费用。很多时候，企业家社群收取费用通常是为了确保社群的可持续运营。

在决定是否要加入某个企业家社群时，企业家应该评估企业家社群所提供的服务、资源和机会与自身的需求和发展目标是否匹配，以及自己加入企业家社群是否能够获得足够多的收益。此外，企业家还可以根据自身能力和经济状况选择符合自身情况的会费档次或会员级别，并且有选择性地参与社群活动。一些企业家社群也会根据会员的参与度和贡献度，为社群会员提供差异化服务，以确保社群会员的满意度。

误解 5：加入社群后，企业家不用付出任何努力

加入企业家社群并不意味着企业家就可以单方面地享受社群提供的服务，而不用付出任何努力。事实上，加入企业家社群的企业家需要积极投入个人的时间、精力和资源，主动参与社群活动。

首先，参与社群活动是企业家获取信息和知识的重要途径。企业家社群通常会组织各种形式的活动，如行业峰会、研讨会、讲座等，这些活动为企业家提供了学习的机会，能够帮助企业家了解最新的技术趋势和行业发展动态。企业家需要积极参与这些活动，从中获取新的信息和知识，从而为自己的企业发展赋能。

其次，企业家需要通过持续学习来不断提升自身能力。企业家社群可能会为企业家提供培训课程、专业咨询、行业研究报告等产品或服务，企业家可以积极学习，并将所学到的知识和方法加以应用，从而提高企业的竞争力。

最后,社群的人脉资源是宝贵的财富。借助企业家社群的人脉资源,企业家既可以与同行业人士建立联系,通过交流与合作实现互利共赢,如寻找合作伙伴、共同开展创新项目等,也可以与同行业人士一起努力,共同解决行业难题,推动行业乃至社会的发展。

总而言之,只有付出努力,企业家才能通过企业家社群获得更多的机会和资源,从而促进个人成长与企业发展。

第二章

运营的核心:
提供服务和价值

企业家社群不仅是一个能够促进企业家群体互相交流与合作的重要平台，同时也能为社群会员提供多层次的服务与价值。在本章中，我将具体阐述企业家社群能够为社群会员提供哪些服务以及如何落实这些服务。

01 信息服务

在信息过载的互联网时代，企业家群体面临着一个不可忽视的挑战，那就是如何从大量的信息中筛选出真正有价值的信息。对于企业家而言，及时获取精准的信息能够帮助他们做出更明智的商业决策，规避风险，并抓住潜在的机遇。因此，企业家社群的一个重要任务就是持续关注社群会员的需求，不断优化信息服务的内容与形式，确保其能够为社群会员提供有价值的信息。接下来，我将详细阐述企业家社群如何为社群会员提供高质量的信息服务，以帮助社群会员获取真正有价值的信息。

信息的筛选与整合

企业家社群提供的信息服务不是简单转发或复制已有信息，而是需要对信息进行筛选与整合。换句话说，企业家社群需要扮演"信息筛选器"的角色，具备较强的信息筛选能力，能够从海量的信息中提取出最有价值的信息，并对这些信息进行整合后，再提供给社群会员，以帮助社群会员在最短的时间内获取关键信息，减少花费在信息筛选上的时间成本。当然，这意味着企业家社群需要有一个专业化的团队来负责信息的筛选与整合。这个团队应当密切关注各个方面的信息，包括但不限于政策法规的更新、宏观环境的变化以及行业的最新动态，并确保提供给社群会员的信息具有前瞻性和可靠性。

保证信息的时效性

在当今的商业世界，信息的价值往往会随着时间的推移而迅速下降。尤其是在快速变化的行业领域，如科技、金融、市场营销等，过时的信息不仅无用，甚至可能对企业家的决策产生负面影响。因此，企业家社群必须紧跟行业动态，确保提供给社群会员的都是最新的信息。例如，当某个新法规出台，或某项技术取得突破时，企业家社群应当第一时间将相关信息传递给社群会员，以确保社群会员能够及时做出相应的调整。

个性化信息的精准推送

不同的企业家往往有不同的需求，例如有的需要寻找融资渠道，有的希望了解新技术的应用情况，有的则专注于如何提升企业业绩，等等。因此，在为社群会员提供信息服务时，企业家社群需要对每个社群会员的行业、关注领域、当前面临的挑战等有较为深入的了解。在实际操作过程中，企业家社群可以通过问卷调查、一对一交流等方式了解社群会员的需求。只有在充分了解社群会员需求的基础上，企业家社群才能准确推送有用的信息。举例来说，假设某位社群会员正在考虑进军东南亚市场，那么企业家社群可以为其推送当地的法律法规、最新的市场分析报告、投资机会等信息。通过这种个性化信息的精准推送，企业家社群不仅能够帮助企业家在海量信息中快速找到对自己最有价值的内容，还能提升企业家对社群的认可度和满意度。

构建内部交流平台和知识库

除了主动提供外部信息，社群内部的信息共享同样重要。企业家社群中的会员往往拥有不同的背景和经历，掌握着大量有价值的信息。因此，企业家社群可以通过搭建内部交流平台，使社群会员之间可以自由分享各自的经验和见解，形成一种信息互通的氛围。例如，企业家社群可以通过定期举办讨论会、分享会等活动，鼓励社群会员就特定话题进行深入探讨。这种形式的信息交流不仅能够帮助社群会员获取多样化的信息，还能促使他们产生合作的可能。例如，某位社群会员可能正在寻找新的商业合作机会，而另一位社群会员恰好有合适的资源，信息的及时共享能够让双方迅速达成合作。

此外，社群会员在日常互动中也会产生大量有价值的信息，包括但不限于成功企业家的创业经验、失败案例分析、最新行业动态等内容。企业家社群可以通过系统化的方式将这些有价值的信息沉淀下来，通过构建线上平台等方式，形成长期可持续的知识库，以便社群会员能够在有需要时随时查阅。

危机预警

市场变幻莫测，企业在发展过程中会面临许多突发的市场变化，甚至是危机。从这个角度来说，企业家社群需要具备快速反应能力，及时为社群会员提供危机预警。例如，当某一行业出现重大风险或者突发事件时，企业家社群可以通过紧急信息通报的形式，提醒社群会员提前做好防范措施。

此外,企业家社群还可以在危机发生时,邀请风险管理专家、法律顾问等专业人士为社群会员提供相应的对策建议,或者帮助社群会员快速制定应急方案,以有效应对危机,减少损失。

02　资源对接服务

资源对接服务是企业家社群为社群会员提供的重要价值之一。通过高效的资源对接服务，企业家社群能够满足企业家在经营企业过程中所产生的各种需求，比如市场拓展、资金支持、技术合作等。接下来，我将详细阐述企业家社群如何为社群会员提供高质量的资源对接服务。

搭建资源池

要想为企业家提供高质量的资源对接服务，企业家社群往往需要搭建一个涵盖资金、人才、技术、市场渠道、政策支持等各个方面的资源池，以便为有不同需求的社群会员提供相应的支持。在搭建资源池的过程中，企业家社群可以与行业协会、投资机构、政府部门、技术研发中心等外部组织建立长期合作关系，不断丰富资源池的资源储备。

例如，在资金资源方面，企业家社群可以与银行等金融机构保持联系，帮助社群会员在融资过程中获得更多的机会。尤其是对于那些有创新想法或急需扩大规模的企业家来说，获取更多的资金支持是推动业务发展的关键。通过企业家社群的引荐和对接，这些企业家更容易找到合适的投资方，获得资金支持。在人才和技术资源方面，企业家社群可以与研究所、高校等机构合作，建立一个庞大的专业人才和技术专家库。当社群会员在某些技术领域遇到难题时，企业家社群可以安排社群会员与相关领域的专家对接，以帮助社群会员解决实际问题。

个性化的资源匹配

不同的企业家在不同的发展阶段所需要的资源是不一样的。例如，有的企业家需要资金支持，有的则希望找到合作伙伴共同拓展新市场，还有的企业家可能在技术创新上遇到瓶颈，需要特定领域的专家提供帮助，等等。因此，企业家社群在为社群会员提供资源对接服务时，不能简单地一刀切，而是需要根据不同的需求，提供精准的资源对接服务。

为了实现这一点，企业家社群不仅可以通过定期开展需求调查、会员访谈或者举行小型讨论会等方式，准确掌握社群会员的资源需求，还可以采用会员分类管理的方式，根据企业的规模、行业属性以及业务发展阶段等维度，将社群会员分成不同的类别，并针对不同类别的社群会员制定不同的资源对接方案。

创造互动交流的机会

资源对接并不总是通过直接引荐来实现的，很多时候，企业家之间的自发互动往往能够产生更多的资源对接机会。因此，企业家社群应当为社群会员创造更多互动交流的机会，以促进社群会员之间的资源对接与合作。

一方面，企业家社群可以定期组织线上或线下的活动，例如行业研讨会、商务晚宴、社群内部的项目路演等。在这些活动中，社群会员可以深入了解他人的资源需求和优势，直接洽谈合作机会。值得一提的是，很多成功的资源对接往往就是在轻松的氛围中自然而然地发生的。

另一方面，企业家社群可以在社群内部建立常态化的沟通机制，让社群会员分享自己手中的资源信息，包括投资机会、市场渠道、技术方案等。这种常态化的沟通机制不仅能够促进社群会员之间的合作，还能提高整个社群的资源利用率。

持续优化对接流程

企业家社群在为社群会员提供资源对接服务时，

应当确保对接流程的顺畅、透明，避免因信息不对称或沟通不畅而影响资源对接的效果，甚至导致资源对接的失败。具体来说，企业家社群可以建立一套标准化的资源对接流程，并安排专人负责跟进。例如，在资源对接过程中，企业家社群要确保社群会员和资源方都能够获得充分的信息，了解资源对接的每一个步骤，减少误会。在资源对接结束后，企业家社群可以通过反馈机制了解社群会员对资源对接服务的满意度，并根据反馈意见不断优化资源对接流程。

03　知识服务

在竞争激烈的商业环境中，企业家必须不断学习、不断成长，才有可能在市场中立于不败之地。对于企业家来说，企业家社群不仅是一个能够提供信息与资源的平台，更是一个能够让自己持续学习和成长的地方。接下来，我将从多个维度详细阐述企业家社群如何为社群会员提供高质量的知识服务，以帮助社群会员更好地了解行业趋势、掌握新兴技术和优化管理模式。

了解会员需求

高质量的知识服务离不开对会员需求的精准把握。社群会员的需求千差万别。为了满足多样化的需求，社群管理者需要通过多种渠道深入了解社群会员的关注点和痛点。

一方面，企业家社群可以定期通过问卷调查、座谈会或线上调研等方式，了解社群会员的兴趣方向、面临的挑战以及希望获取的知识内容。例如，初创企业的企业家可能更关注商业模式设计和融资策略，而成熟企业的企业家则可能对数字化转型或开拓海外市场更感兴趣。另一方面，企业家社群可以通过日常的社群互动，发现社群内部的高频话题或共性问题。

此外，值得注意的是，需求是动态变化的。因此，企业家社群需要建立一套需求跟踪机制，并根据需求的变化及时调整服务，以确保知识服务能够有效满足社群会员的实际需求。

组织学习活动

一个企业家社群是否能够为社群会员提供高质量的知识服务,往往取决于它所组织的学习活动的质量和多样性。企业家社群可以通过线下与线上相结合的方式,定期举办各类学习活动,如主题分享会、行业论坛、案例研讨会、企业参访等。在组织这些学习活动时,企业家社群可以邀请具有丰富实践经验和深厚理论基础的专家、学者或资深企业家作为活动嘉宾,请他们分享实践经验与洞见,确保活动内容的专业性和实用性。例如,假设某个企业家社群要组织一场关于企业文化建设的主题分享会,那么该企业家社群可以邀请那些在企业文化建设方面取得成功的企业家结合实际案例,深入探讨如何通过企业文化建设提升企业的凝聚力和竞争力。此外,企业家社群还可以根据社群会员的需求和市场趋势,设计系列课程或系列培训项目。比如,针对创新创业的系列培训、针对国际化发展的市场拓展课程等。这些课程或培训项目可以帮助社群会员增加知识储备,提升业务能力,为其企业的长期发展奠定基础。

引入外部资源

企业家社群在为社群会员提供知识服务时，单靠社群内部的资源往往是不够的。为了帮助社群会员应对不断变化的市场环境和复杂的商业挑战，企业家社群可以积极引入外部资源，为社群会员提供更广阔的视野和更多元的内容。例如，邀请行业领袖进行主题演讲，分享他们的成功经验和失败教训；与知名商学院合作，推出企业家定制化课程，涵盖战略管理、领导力提升、财务规划等主题，为社群会员提供系统的学习机会；或者与知名企业合作，组织社群会员走进标杆企业，学习标杆企业的管理模式和创新实践。总的来说，引入外部资源不仅能够提高社群的知识服务水平，还能显著增强企业家社群的品牌影响力，吸引更多优秀的企业家加入社群。

搭建互动平台

高质量的知识服务不仅在于"内容的提供"，更在于"连接的创造"。从这个角度来说，企业家社群可以通过搭建高效的互动平台来激发社群会员的知识分享热情，从而为知识服务注入更为多元的内容。

例如，在线上，企业家社群可以利用微信群、论坛或直播平台，组织社群会员分享各自的经验和见解；在线下，企业家社群则可以举办研讨会、专题沙龙等活动，让社群会员面对面地交流想法。此外，企业家社群还可以建立"导师制"或"主题小组"。其中，资深企业家可以作为导师，为初创企业的企业家提供指导，而拥有共同话题的社群会员则可以组建小组，以便深入探讨某一领域的问题。

激发自主学习动力

企业家社群在为社群会员提供知识服务时，还应注重激发社群会员的自主学习动力。一个良好的学习氛围是促进企业家社群长期发展和社群会员持续成长的关键，企业家社群可以通过树立学习榜样、鼓励社群会员相互学习来营造良好的学习氛围。例如，企业家社群可以设立"学习榜样"奖项，奖励那些积极参与社群学习活动、分享宝贵经验的社群会员，从而鼓励更多的社群会员主动参与学习活动。此外，企业家社群还可以通过定期发布学习任务、设置成长目标等方式，督促社群会员自主学习。通过营造良好的学习氛围，社群会员的学习积极性将得到显著提升，这不仅能够提高企业家社群的整体价值，还能给企业家的长期发展带来实实在在的帮助。

04　品牌宣传与推广服务

在竞争激烈的市场环境中，品牌是企业获得成功的关键因素之一。对于许多企业家来说，拥有一个具有影响力的品牌，不仅可以帮助他们的企业脱颖而出，还能为他们带来更多的合作机会与客户资源。作为一个汇聚了各种资源的平台，企业家社群在品牌宣传与推广方面有着得天独厚的优势。接下来，我将详细阐述企业家社群如何为会员企业提供品牌宣传与推广服务，帮助会员企业提升品牌知名度，扩大市场影响力，从而促进会员企业的长期发展。

搭建品牌展示平台

作为一个汇聚了众多企业家的生态系统，企业家社群本身就是一个极具影响力的平台。企业家社群可以利用自身的资源和影响力，为会员企业提供背书和支持，从而增强会员企业的品牌影响力。例如，企业家社群可以通过社群的官方渠道对会员企业的品牌故事或成功案例进行广泛宣传，从而提升会员企业的品牌知名度。此外，企业家社群还可以通过自身的影响力吸引一部分战略合作伙伴，共同参与会员企业的品牌宣传，或者帮助会员企业参与行业内的重要活动，让会员企业的品牌形象在更高层次的平台上得到展示。

举办品牌推广活动

举办品牌推广活动是企业家社群为会员企业提供品牌宣传与推广服务的重要方式之一。企业家社群可以通过组织行业峰会、展览会、产品发布会、会员分享会等方式，为会员企业提供展示品牌的机会。例如，企业家社群可以定期举办"会员企业品牌展示日"活动，邀请社群会员、行业专家、媒体和潜在客户参加。会员企业可以在活动中展示他们的产品和服务，并与潜在客户进行互动。这类活动不仅为会员企业提供了直接推广品牌的机会，也为他们提供了宝贵的市场反馈，能够帮助会员企业根据市场需求对品牌进行优化。

此外，企业家社群还可以通过与大型展会、行业论坛合作，帮助会员企业获得更大范围的品牌曝光。例如，在知名的行业展会上，企业家社群可以为会员企业设立联合展台，集中展示多个会员企业的品牌形象，提升宣传效果。同时，这种联合展示还能够降低单个企业的参展成本，提高品牌推广的效率。

整合媒体资源，提供媒体曝光机会

媒体曝光是提升品牌知名度的重要途径，然而，许多企业特别是中小企业在与媒体对接方面往往缺乏经验或资源。因此，企业家社群可以通过整合外部的媒体资源，帮助会员企业获得更多的媒体曝光机会。

一方面，企业家社群可以与行业媒体、主流新闻平台、新兴自媒体等建立合作关系，为会员企业提供品牌宣传渠道。例如，企业家社群可以与知名的商业杂志或行业网站合作，定期为会员企业撰写专栏文章或专题报道，介绍他们的企业故事和品牌理念。这种高质量的媒体曝光不仅能够增强会员企业的公信力，还能帮助会员企业吸引更多的客户和合作伙伴。

另一方面，企业家社群可以组织与媒体的对接活动，邀请知名媒体记者或编辑与企业家进行深度对话。通过这种面对面的互动，媒体能够更好地了解企业家的故事和品牌背后的价值，从而实现更精准的报道。

促进品牌互推合作

企业家社群内部聚集了大量不同领域的会员企业，这些会员企业可以通过品牌互推的方式，帮助彼此在不同的市场中获得更多的曝光机会。从这个角度来说，企业家社群可以主动搭建品牌推广合作平台，促成会员企业之间的品牌互推合作。例如，消费品企业可以与经营电子商务平台的企业合作，互相借助对方的用户资源进行联合推广。通过这种合作，双方的品牌都能够获得更多的曝光，进而提升品牌的知名度。

此外，企业家社群还可以通过举办"品牌联名"活动，促使多个会员企业的品牌在某个特定主题下进行联名推广。这种方式不仅可以有效降低宣传成本，还会因为多个品牌的强强联合，产生更大的市场影响力。

提供专业的培训和咨询服务

对于许多企业家而言，品牌的宣传与推广并不是他们的强项。而企业家社群可以为社群会员提供专业的培训和咨询服务，帮助社群会员提升品牌宣传与推广的能力。例如，企业家社群可以邀请知名的品牌顾问、营销专家、广告策划人等，定期为社群会员提供品牌塑造、市场定位、广告投放、社交媒体营销等方面的培训课程。这些课程可以帮助社群会员更好地了解在不同市场环境下可以采用的品牌策略。

此外，企业家社群还可以为社群会员提供一对一的品牌咨询服务。通过为每个社群会员量身定制品牌推广方案，企业家社群能够帮助社群会员根据自己企业的市场定位、产品特点和客户需求，制定出更有效的品牌推广策略，有效提升品牌形象。

05　心理支持与情感关怀

在当今竞争激烈的商业环境中,企业家不仅要应对市场竞争的挑战,还需要处理团队管理、资金周转等各个方面的问题。这些问题和挑战不仅会对企业发展产生重要影响,同时也会给企业家个人带来巨大的心理压力。从这个角度来说,企业家社群不仅要为企业家提供商业资源,还需要给予企业家一定的心理支持与情感关怀,帮助企业家有效应对压力,从而实现个人和企业的长远发展。

营造开放包容的社群氛围

一个开放包容的社群氛围对企业家来说尤为重要。很多企业家通常被视为"强者",甚至被赋予"不能失败"的形象,因此,在面临困惑或失败时,他们往往不愿意在公共场合表露脆弱。而企业家社群可以通过一系列的活动与互动,营造一种开放包容的社群氛围,让其成为企业家心灵的"避风港",使企业家能够在社群内部分享心事、释放压力,从而得到心灵上的支持。例如,企业家社群可以在社群内部举办"故事分享会",鼓励社群会员讲述自己在创业或者经营企业过程中所遇到的挫折和挑战。这种坦诚的交流不仅能够拉近社群会员之间的心理距离,也能够让社群会员从他人的故事中汲取力量和智慧。

组织心理健康讲座和培训

为了帮助社群会员更好地应对日常生活中的压力,企业家社群还可以定期组织心理健康讲座和培训活动,邀请专业的心理咨询师，以及那些曾经面对巨大压力的成功企业家作为嘉宾，分享他们的应对策略与心得。比如：有些企业家会分享自己在面临危机时保持冷静、应对挑战的有效策略；而心理咨询师则可以通过理论讲解与实际案例分析，帮助社群会员更好地理解情绪背后的原因，并掌握调整心态的实用技巧。总的来说，这些讲座和培训活动，不仅可以提升社群会员的情绪管理能力，也能增强他们面对挫折时的心理韧性，使其在未来遇到挑战时能够更加从容地应对。

联合专业人士提供心理咨询服务

许多企业家在面对压力时，可能会产生焦虑、失眠、情绪低落等问题，这些问题会直接影响企业家的工作和生活。为此，企业家社群可以联合专业的心理咨询师为社群会员提供心理咨询服务。需要注意的是，在为社群会员提供心理咨询服务的过程中，最好采取可以保护企业家隐私的形式，比如线上预约或线下一对一咨询。一个好的心理咨询服务不仅能帮助社群会员更好地认识自我，释放内心的压力，恢复心理健康，还能让社群会员感到自己是被理解和关怀的，从而提升社群会员对企业家社群的认可度和满意度。

积极倡导健康生活的理念

在现实生活中，企业家往往会因为工作忙碌而忽视了自身的健康，这种过度消耗不仅不利于长期发展，还容易导致情绪上的波动。因此，企业家社群可以积极倡导健康生活的理念，通过宣传健康的重要性，引导社群会员追求身心的平衡。例如，企业家社群可以定期举办健身活动，推荐健康饮食、心理健康方面的相关资讯，让社群会员意识到身心健康对工作和生活的积极影响。

第三章

企业家社群运营实操

运营一个企业家社群并非易事。接下来，我将从实战角度出发，带你进入企业家社群的日常运营现场。如何办好一场社群活动？如何邀请重量级嘉宾来社群分享？如何做自媒体？如何扩大会员规模？等等，关于这些问题，你都可以通过阅读本章内容找到答案。

01 如何办好线下游学活动

线下游学是一种非常常见且有效的社群活动形式。线下游学不仅能让社群会员了解不同企业的运作模式、学习先进的管理经验，还能加强社群会员之间的沟通与合作。基于过往策划和组织线下游学的经历，我总结出了一些有用的方法和经验，供读者参考。

明确游学活动的主题

要确保线下游学活动的成功，首先需要明确游学活动的主题。一个明确而有吸引力的主题不仅能够为游学活动指明方向，还能吸引目标受众积极参与。因此，活动组织者在确定游学活动的主题时，需要综合考虑行业热点、创新趋势以及社群会员的需求等多个方面的因素。比如，针对来自初创企业的社群会员，企业家社群可以组织以"创新与创业"为主题的游学活动，参观一些具有颠覆性创新技术的企业，深入了解这些企业是如何在激烈的市场竞争中取得成功的。而针对来自成熟企业的社群会员，企业家社群就可以组织以"数字化转型"或"国际化发展"为主题的游学活动，带领他们考察大型企业，学习大型企业的成功经验，帮助他们找到新的增长点。

选择合适的游学地点

一个好的游学活动要让活动参与者接触到平时难以接触到的企业或环境，体现出学习和探索的价值。因此，从这个角度来说，游学地点的选择至关重要。

在选择游学地点时，活动组织者需要考虑以下几个方面的因素。一是行业相关性。被访企业应该在某个特定领域内有显著优势，能够为活动参与者提供有价值的学习内容。例如，如果社群会员大多数是制造业背景，那么选择在行业中处于领先地位的制造型企业作为参访对象会让整个游学活动更具吸引力。二是创新力和影响力。被访企业应具备一定的创新力和影响力。标杆企业、行业领军企业或独角兽企业通常是最佳选择，因为它们往往代表了行业的发展方向，能够给活动参与者带来最新的行业洞见。三是地理位置。在选择游学地点时，活动组织者还要考虑交通便利性，避免因长途跋涉而影响活动参与者的积极性和体验感。

设计合理的行程

为了确保游学活动的效果，活动组织者需要设计一个合理的行程。具体来说，活动组织者在设计行程时需要注意以下几点。一是保证充足的学习时间。在参访企业的过程中，活动组织者可以安排被访企业的创始人或者高级管理人员分享公司的发展历程、战略布局、管理经验等内容，让活动参与者对被访企业有更为深入的了解。同时，可以安排问答环节，鼓励活动参与者积极提问，增强互动性。因此，要合理安排在每个被访企业的停留时间，通常情况下，每个企业的参访时长应控制在 2～3 小时，具体时长可以根据企业规模和活动内容进行调整。二是保持节奏平衡。在设计行程时，要避免在一天时间内安排过多的被访企业，特别是如果这些被访企业位于不同的城市，那么就需要预留足够的交通时间。一般而言，在一天时间内参访 2～3 家企业是较为合理的。三是在行程中穿插安排不同类型的活动，比如企业参观、座谈交流、项目对接等，以避免单调的行程让活动参与者失去兴趣。四是加入适当的休闲时间。在为期多天的游学活动中，活动组织者可以适当安排文化体验活动，如参观当地的标志性建筑、参加当地的传统节庆活动等，这不仅能够让活动参与者有时间放松心情，还能让他们感受不同地域的文化魅力。

关注细节，确保执行无误

一次成功的游学活动离不开良好的执行和周密的

后勤保障。前期的准备工作不仅包括确定行程，还包括交通、住宿、餐饮等方方面面的细节安排。良好的执行不仅能确保游学活动的顺利进行，还能让活动参与者获得良好的体验。

在执行过程中，以下几个关键点不容忽视。一是交通出行与住宿安排。交通出行与住宿安排将直接影响活动参与者对游学活动的整体评价。因此，活动组织者必须格外关注交通出行与住宿安排的合理性。特别是在游学活动需要跨城市的情况下，交通和住宿的无缝衔接是至关重要的。二是用餐安排。游学期间的餐饮安排在保证质量的基础上，可以考虑适当融入当地特色，增加游学活动的文化体验。此外，活动组织者也要考虑活动参与者的口味与特殊饮食需求，为活动参与者提供多样化的选择。三是准备应急预案。尽管我们希望每次游学活动都能顺利进行，但突发情况仍有可能发生。因此，准备一套完善的应急预案是非常重要的，以应对恶劣天气、嘉宾临时取消、交通延误等突发情况。

复盘和总结

在游学活动结束后,活动组织者需要及时收集活动参与者的反馈意见,对游学活动进行复盘和总结,这是提升活动质量的关键步骤。通过复盘和总结,活动组织者可以分析活动中的亮点与不足,为未来的游学活动提供宝贵的经验借鉴。

具体来说,游学活动结束后的复盘和总结主要包括以下几个方面。一是收集活动参与者的反馈意见。活动组织者可以通过问卷调查、线上讨论等形式,深入了解活动参与者对活动安排、参访企业及嘉宾分享等各个环节的体验与看法。这些来自活动参与者的反馈意见能够为活动组织者完善游学活动安排提供重要的参考。二是复盘游学活动的执行情况。在游学活动结束后,活动组织者可以在团队内部组织一次复盘会议,细致剖析活动执行的全过程,记录成功经验与存在的问题,为下一次游学活动提供参考。三是分享游学活动取得的成果。活动组织者可以将游学活动中的精彩瞬间、嘉宾分享的核心内容整理成文字、图片或视频资料，供社群会员浏览和学习。这不仅能够惠及未参与游学活动的社群会员，还能够扩大游学活动的影响力。

02　如何邀请重量级嘉宾参加社群活动

在运营企业家社群的过程中,邀请重量级嘉宾来参加社群活动是一件非常重要的事。重量级嘉宾不仅能够为社群会员带来行业前沿信息和深度观察,还能够通过他们的权威背景和影响力来提升企业家社群的影响力和品牌价值。

当然,邀请重量级嘉宾来参加社群活动并不是一件容易的事,需要全方位的规划和准备。从确定嘉宾人选、提前建立良好关系、准备正式的邀请函、提供全面的活动支持，到活动结束后的建立长期合作关系，每一个环节都至关重要。

确定嘉宾人选

一位合适的重量级嘉宾既能提升社群活动的影响力，也能为社群会员带来实际的价值。因此，在确定嘉宾人选这件事情上，活动组织者不应单纯追求嘉宾的名气，还需要结合社群的需求和活动的目标。具体来说，在确定嘉宾人选时，活动组织者需要考虑以下几个因素。

一是嘉宾的专业背景与活动主题的契合度。嘉宾的专业背景与活动主题是否契合，决定了嘉宾是否能为社群会员带来实际的价值。当嘉宾的专业背景与活动主题高度一致时，嘉宾的参与将大大提升活动的价值感。例如，如果一场社群活动的主题是市场营销，那么邀请一位在营销领域有着丰富实战经验的嘉宾参加活动并分享经验，往往能让活动参与者了解更多可落地的营销策略与方法,而不只是理论知识。

二是嘉宾的个性和表达风格。部分嘉宾虽然在行业内成绩斐然,但表达风格较为内敛,可能导致活动气氛欠佳。因此,在确定嘉宾人选时,活动组织者要关注嘉宾的个性和表达风格,这不仅关乎活动现场的互动效果,也会影响活动参与者对嘉宾的接纳度以及对活动的整体感受。

三是嘉宾与企业家社群的互动历史。那些曾与企业家社群有过交集的嘉宾,往往与企业家社群有着天然的默契,能够更精准地满足社群会员的需求。此外,他们可能对企业家社群的文化和氛围有一定了解,有助于营造良好的活动氛围。

提前建立良好关系

在确定重量级嘉宾人选后,直接向其发送邀请邮件,往往容易被忽视,尤其是在双方毫无交集的情况下。因此,在正式发出邀请前,提前与重量级嘉宾建立良好的关系显得尤为重要。根据我的实践经验,活动组织者可以尝试通过以下几种方式与重量级嘉宾提前建立良好关系。

一是参加公开活动。重量级嘉宾通常会出席行业论坛、峰会等公开活动，这些场合给我们提供了与重量级嘉宾面对面互动的机会。二是通过社交媒体进行互动。我们可以通过在社交媒体上分享或评论重量级嘉宾的观点等方式，逐步与重量级嘉宾建立线上联系。三是借助人脉资源。如果企业家社群里有与重量级嘉宾相熟的企业家，那么他们的推荐能够显著提升邀请的可信度，使重量级嘉宾更愿意接受邀请。四是寻求第三方机构的帮助。如果通过以上途径仍无法与重量级嘉宾取得联系，那么活动组织者可以考虑向专业的第三方机构寻求帮助。尤其是在企业家社群尚不成熟、社会知名度不高的情况下，借助第三方机构的牵线搭桥，是一种较为高效的方式。

准备正式的邀请函

当时机成熟时，活动组织者可以撰写一封简洁、专业且态度真诚的邀请函。一份正式的邀请函应涵盖以下几个要点。

一是介绍社群背景与活动概况。邀请函的开头应简要介绍社群的定位、规模、会员特点，以及活动的内容主题与时间安排，让重量级嘉宾对社群和活动有一个初步的了解。二是肯定嘉宾的价值，并清晰阐述邀请理由，即为何希望其参加活动。此外，最好能够详细说明希望对方在活动中扮演怎样的角色，发挥什么样的作用。三是详细说明对方参加社群活动可以获得的利益，主要包括物质利益和精神利益。物质利益主要指出场费等相关报酬，而精神利益则包括拓展人脉、交流心得、开阔视野、积累经验等。四是提供详尽的活动安排细节，包括活动形式、具体流程、同台嘉宾等，以便嘉宾提前做好相应准备。五是表达诚挚的感谢与期待。在邀请函的结尾处，可向重量级嘉宾表达感谢与期待之情，并告知对方，若其愿意出席，将为其提供全方位的支持与协助。

值得注意的是，许多重量级嘉宾的行程安排是非常紧凑的，因此，给重量级嘉宾发送邀请函的时间要尽可能地早，建议至少在活动正式开始前一个月就给重量级嘉宾发送邀请函。如果邀约过于仓促，例如在活动正式开始前一周才给重量级嘉宾发送邀请函，那么，重量级嘉宾很可能会因为行程冲突而无法参加活动。

提供全面的活动支持

一旦重量级嘉宾同意参加社群活动，活动组织者应当为其提供全面的活动支持，确保活动顺利进行。首先，要与重量级嘉宾的团队进行充分且细致的沟通，就活动流程、嘉宾出场顺序、演讲内容、时间安排、场地布置等细节进行深入讨论，明确各自的职责，以确保活动的每一个环节都能顺利进行。其次，要为重量级嘉宾提供必要的技术支持，尤其是线上活动，需要提前测试直播平台的稳定性，并为重量级嘉宾提供简明扼要的操作指导。如果是线下活动，则要确保场地布置得当，涵盖音响设备、灯光效果、座位安排等细节，并为重量级嘉宾提供舒适的专属休息区。此外，活动的宣传推广也非常关键。活动组织者可以制作重量级嘉宾的宣传海报，提前发布活动预告，借助社交媒体、邮件等渠道广泛宣传重量级嘉宾，以增加活动的吸引力，吸引更多的人参与活动。

建立长期合作关系

与重量级嘉宾建立长期合作关系，能够为企业家社群带来更为持久的影响力。在活动结束后，第一时间为重量级嘉宾提供活动反馈，这是与重量级嘉宾建立长期合作关系的重要一步。一方面，活动组织者可以收集并整理一些活动的照片、视频以及活动参与者的反馈，通过邮件或其他形式，向重量级嘉宾展示活动的效果和成果，并向其表达真诚的谢意，感谢其对社群活动的支持与贡献。另一方面，活动组织者可以主动与重量级嘉宾探讨未来的合作机会，例如邀请重量级嘉宾定期参与社群活动，或参与社群的其他重要项目，进一步加深彼此之间的联系，从而建立长期合作关系。

03　如何举办一场高质量的企业家社群年会

举办一场高质量的企业家社群年会，是每一个企业家社群管理者都期望实现的目标。年会不仅承载着总结过去一年工作成果的重任，同时也是社群会员之间加强交流、拓展人脉的宝贵契机。对于企业家社群而言，年会无疑是一个彰显社群核心价值、激发社群会员热情的盛大舞台。接下来，我将从一个社群管理者的角度出发，就如何举办一场高质量的企业家社群年会这个话题，分享一些我个人的方法与经验。

明确年会的目标和主题

一场高质量的年会必须有明确的目标和主题。就企业家社群年会而言，其主要目标通常涵盖以下几个方面。一是总结企业家社群在过去一年时间内所取得的成绩，明确新一年的发展目标。二是通过嘉宾演讲、互动活动等方式，激励和启发社群会员。三是为社群会员提供高质量的社交机会，以促进社群会员之间的深入交流与合作。

在明确年会的目标后，社群管理者还需要进一步明确年会的主题。一个具有吸引力的年会主题能够让社群会员对年会充满期待，因此主题的选择至关重要。年会主题应紧密贴合当前的热点趋势以及社群会员所关心的热门话题，如数字化转型、行业创新、全球化挑战等，为社群会员提供实际的启发和帮助，从而激发社群会员的参与热情。

选择合适的时间和场地

在策划企业家社群年会时，时间和场地的选择至关重要。

在时间上，年会应尽量避开行业高峰期和法定假期，以确保社群会员能够腾出时间参与。一般而言，年底是举办年会的理想时期，因为此时是企业家群体总结过去、展望未来的重要时间节点。在确定年会的举办时间后，企业家社群需要通过包括电子邮件、社交媒体以及短信等在内的多种渠道及时告知社群会员，以确保他们有足够的时间做出相应的安排。

在场地的选择上，社群管理者则需要考虑以下几个因素。一是地理位置。社群会员通常来自不同的地区，选择交通便利的地方不仅能提高社群会员的参会率，还能帮助繁忙的企业家群体节省宝贵的时间成本。在理想的情况下，年会场地应靠近机场、火车站等主要交通枢纽，或者位于繁华的市中心，以确保来自外地的参会者能够轻松便捷地抵达活动现场。二是场地设施。一个理想的场地需要配备多媒体设备，包括高清投影仪、专业音响设备、无线麦克风等。此外，适当的休息区和洽谈区同样必不可少，为参会者提供一个舒适的环境，以便参会者与他人进行深入的互动与交流。三是场地成本。在选择场地时，成本也是不可忽视的一大因素。为了有效控制成本，企业家社群可以采取提前预订的策略，这样往往能够争取到更为合理的价格。此外，与场地提供方达成长期合作，也是一种行之有效的手段，因为这样通常能够享受到更优惠的价格和更周到的服务，从而为活动的顺利开展奠定坚实的基础。

精心策划年会的内容

年会的内容既是吸引社群会员参与的核心因素，同时也是衡量年会质量高低的重要因素。企业家社群年会通常包括以下几大环节。

一是主旨演讲。一般而言，邀请在行业内具有广泛影响力的重量级嘉宾发表主旨演讲，是企业家社群年会不可或缺的一个重要环节。重量级嘉宾的经验分享和行业洞见，能够为社群会员提供启发与思考。因此，必须确保邀请的嘉宾具备足够的权威性和影响力。关于如何邀请重量级嘉宾参加社群活动这个话题，我在上一节内容中已经有较为详细的阐述，在此不再赘述。

二是社群成果展示。年会是展示社群成果和未来规划的最佳时机。社群管理者可以通过视频、PPT等方式，总结社群过去一年的重要活动和成绩，同时发布未来的发展计划和目标。这不仅可以增强社群会员对社群的信心和认同感，还可以吸引更多的优秀企业家加入社群。

三是圆桌讨论。圆桌讨论是一种能够促进人际互动和思想碰撞的活动环节。例如，企业家社群可以邀请一些企业家、投资人或行业专家，围绕年会主题中的某个具体话题展开讨论。例如，如何应对全球化挑战、如何进行数字化转型等。在这个环节中，要尽量避免单向的信息传递，把重点放在鼓励台上与台下的互动上，让参与者有机会提出自己的观点和问题。

有效的宣传推广

年会的成功离不开有效的宣传推广。通过线上线下多个渠道宣传年会，不仅能吸引更多的社群会员参与社群年会，还能提高企业家社群的品牌影响力。第一，企业家社群可以通过社群平台发布活动信息，并通过社交媒体进行广泛宣传，这是扩大年会影响力的有效方式。第二，企业家社群可以结合年会主题和嘉宾背景，设计富有吸引力的宣传内容，并配以图片、短视频等视觉素材，以吸引人们的注意力。第三，有效控制宣传的节奏，比如在年会正式举办前几周就开始预热宣传，依次发布年会主题、嘉宾介绍、亮点预告等内容，以逐步提高人们对于社群年会的期待值。第四，企业家社群可以通过合作伙伴、行业沙龙、论坛等渠道传递年会信息，提升社群年会的曝光度。第五，口碑宣传也是重要的一环，往届年会的精彩瞬间、成功案例以及参会者的积极反馈，都是吸引人们注意力的重要因素，能够显著提高人们对于年会的关注度和参与积极性。

现场管理与服务

现场管理是确保年会顺利进行的关键所在。在活动开始前,工作人员须提前抵达现场,着手布置会场,并对音响、投影、灯光等设备进行全面细致的检查和调试,以保证活动期间不出现技术问题。

此外,还要重视年会现场的服务细节。首先,企业家社群可以为重量级嘉宾提供贴心的服务,包括专车接送、VIP 休息区、专人引导等。其次,签到环节需要安排有经验的工作人员负责,以确保参会者能够迅速完成签到并获得必要的参会资料。再次,为所有参会者提供舒适的休息环境和优质的餐饮服务,以有效提升参会者的活动体验。最后,企业家社群还可以专门为年会定制精美的手册或礼品,向参会者传递社群的诚意与心意。这些小细节往往能增强参会者对社群的好感,提升社群会员对社群的满意度。

04　如何运营自媒体

数字化时代，自媒体已经成为企业家社群连接社群会员、传播理念、传递价值以及扩大影响力的重要渠道。通过自媒体平台，企业家社群能够发布高质量的内容，吸引更多的关注者，进而为企业家社群的长远发展注入强劲动力。然而，对于企业家社群而言，自媒体运营并非简单地发布内容，而是一个系统且复杂的大工程，想要做好并不容易。接下来，我将基于个人的实践经验，详细分享企业家社群如何高效运营自媒体，从明确运营目标到制定内容策略，再到建立互动机制以及数据分析与优化，全面解读如何让自媒体成为促进企业家社群长期发展的重要驱动力。

明确运营目标

在开始运营自媒体之前，我们首先需要明确自媒体的运营目标。不同的企业家社群，其运营目标和方向自然会有所差异。换句话说，只有明确了运营目标，我们才能制定出相应的内容策略。对于企业家社群而言，自媒体的运营目标主要有以下几个。

一是增强社群品牌的知名度和影响力。企业家社群可以通过自媒体平台发布专业内容，以此提升社群的知名度，扩大社群的市场影响力。这对于刚成立或正处于扩张阶段的企业家社群而言尤为重要。具体来说，企业家社群通过分享行业观点、成功经验、专家访谈等内容，能够吸引更多企业家的注意力。

二是提升社群的活跃度。自媒体不仅是对外宣传的媒介，同时也是提升社群活跃度的有力工具。例如，企业家社群通过举办线上讨论会、互动问答或定期分享社群会员的成功故事等方式，可以有效激发社群会员的积极性，从而提升社群的活跃度。

三是实现商业化变现。对于某些发展已经较为成熟的企业家社群来说，自媒体运营还可以产生经济效益。例如，那些具备一定规模和活跃度，同时又能够提供有价值内容的企业家社群，可以通过付费内容、广告合作以及品牌赞助等方式获得相当可观的收入。

制定内容策略

内容是自媒体运营的核心因素，内容质量直接决定了自媒体的影响力和吸引力。没有优质的内容，企业家社群在自媒体运营领域将很难取得显著成就。因此，企业家社群需要围绕运营目标，精心制定内容策略。

一是精准定位目标受众。不同的目标受众有不同的需求和偏好。例如，初创企业的企业家可能更关注融资和市场拓展方面的内容，而成熟企业的企业家则可能更关注企业管理、人才培养、国际化等话题。从这个角度而言，企业家社群需要根据目标受众的需求，实现内容的精准定位。

二是发布原创且有深度的内容。在信息爆炸的时代，真正能够触动人心、发人深省的原创内容显得尤为珍贵。对于企业家社群来说，社群会员和潜在目标受众都希望通过企业家社群获取高质量的行业资讯和知识。原创且有深度的内容往往能够帮助企业家社群树立权威形象，有效提升企业家社群的社会影响力。从这个角度来说，企业家社群在运营自媒体的过程中，要避免过度转载他人的内容，或者发布一些缺乏深度的内容，而应重视内容的原创性和思想深度，发布那些能够启迪思维、让目标受众产生共鸣的高质量内容。

三是丰富内容的形式。常见的内容形式包括文字、图片、音频、视频、直播等。企业家社群可以根据目标受众的偏好和内容的性质，灵活选择不同的内容形式，以增强自媒体内容的吸引力。比如：具有一定内容深度的行业分析报告可以采用图文形式；企业家访谈可以以视频或音频的方式呈现；重要的行业活动或大会可以通过直播与受众进行实时互动。

四是规划内容的发布频率。企业家社群需要根据自媒体平台的特点以及目标受众的接受度，确定一个合理的内容发布频率。一般而言，自媒体内容的发布频率不宜过高，每周一次或两次是较为合适的。

五是结合热点话题。密切关注行业热点与社会焦点，并及时结合这些热点话题发布相关内容，可以有效提高自媒体内容的曝光率和关注度。例如，当某项政策变动可能对行业产生重大影响时，企业家社群可以及时发布相关分析内容，帮助人们第一时间了解变化，并采取相应的应对措施。

六是鼓励社群会员参与内容创作。企业家社群可以通过设立讨论话题、举办内容创作大赛等方式，鼓励社群会员分享经验与见解。如此，不仅能够丰富自媒体的内容来源，还能增强企业家社群的互动性，提高社群会员的参与度。

建立互动机制

自媒体不仅是一个传递信息的渠道,同时也是企业家社群与目标受众进行双向沟通的一座桥梁。从这个角度来说,企业家社群在运营自媒体的过程中,要注重与目标受众的互动,通过建立高效的互动机制来增强目标受众的黏性,进而扩大社群的影响力。

一是定期举办在线互动活动。例如,企业家社群可以定期举办线上讨论会、直播讲座、互动问答等活动,让目标受众能够直接参与互动。这不仅能够提升目标受众的参与感,同时也能帮助企业家社群了解目标受众的需求。

二是设计奖励机制。为了鼓励目标受众参与互动,企业家社群可以设计一些奖励机制。例如,企业家社群可以为积极参与互动的目标受众提供专属福利,如限时优惠、专属内容、免费活动等。

三是引导目标受众参与互动。例如,企业家社群可以发布一些具有一定讨论空间的内容,鼓励目标受众在评论区发表看法,参与讨论。此外,对于目标受众的评论和私信，企业家社群要积极回应，提高与目标受众的互动频率。

数据分析与优化

在运营自媒体的过程中，数据分析与优化是确保内容效果、提升用户体验和实现运营目标的关键环节。有效的数据分析能够帮助企业家社群精准把握用户需求，优化内容策略，从而实现效益的最大化。

首先，企业家社群需要明确数据分析的关键指标，这些关键指标是评估自媒体运营效果的基础。常见的关键指标包括阅读量、点赞量、转发量、评论量等。其中，阅读量和点赞量体现了内容的受欢迎程度，而转发量和评论量则反映了内容的传播力和互动性。

其次是数据的收集与分析。目前，主流的自媒体平台如微信公众号、微博、抖音等都会为自媒体运营者提供详细的数据。企业家社群可以借助第三方分析工具对多平台的数据进行整合与深度分析，从而发现趋势或问题。例如，哪些内容话题最受欢迎？在哪个时段发布的内容表现最佳？不同内容形式（如文章、短视频、直播等）是否存在显著的效果差异？通过数据分析，企业家社群可以总结成功经验，发现问题，并找到改进和优化的方向。

最后是改进和优化。例如，企业家社群可以根据历史数据筛选出有潜力的话题进行深耕，尝试不同的内容形式。举例来说，如果数据分析结果表明短视频的效果显著优于图文内容，那么企业家社群就可以在后续的运营过程中提高短视频内容的比重。此外，企业家社群需要对优化结果进行追踪，以确保策略调整的有效性。如果发现新的问题，则需要再次进行调整。这种不断调整与完善的过程，能够帮助企业家社群不断提升自媒体运营能力，从而实现长期发展目标。

05　如何加强与外部组织的合作

在当今快速发展的商业环境中，与外部组织进行合作，不仅能够给企业家社群带来更多的资源、信息和机会，还能显著提升企业家社群的整体竞争力和社会影响力。然而，如何加强与外部组织的合作，是每一位企业家社群管理者都必须思考和解决的问题。

了解外部组织的需求

加强与外部组织的合作，首先需要了解外部组织的需求。不同的组织有不同的需求，因此，企业家社群需要通过深入了解外部组织的核心需求来寻求合作机会。例如，政府机构通常比较重视地方经济发展；科研院校侧重于技术转化和创新研发；投资机构的重点是寻找投资机会；等等。在了解了不同组织的需求和关注点后，企业家社群可以通过给外部组织提供它们所需要的价值，与这些组织建立互信关系，从而为后续的合作奠定基础。

创新合作形式

企业家社群与外部组织的合作形式应具有创新性，以适应不断变化的市场需求和技术发展趋势。传统的合作形式包括资金支持、资源对接等，但随着时代的发展，企业家社群可以根据社群会员的实际需求，采取更为灵活和多样的合作形式。例如，企业家社群可以与科技企业和研究机构合作，推动技术创新和应用转化；可以与媒体和公关公司合作，共同策划品牌推广活动；还可以与国际化的商业组织合作，帮助社群会员拓展海外市场；等等。通过不断创新与外部组织的合作形式，企业家社群不仅可以为社群会员提供更多的机会，还可以提升社群的整体价值和竞争力。

提高社群会员的参与度

加强与外部组织的合作离不开社群会员的积极参与。社群会员的参与度越高，合作的成效就越显著。因此，企业家社群应当鼓励社群会员积极参与和外部组织的合作项目。具体而言，企业家社群可以通过定期举办合作对接会、讲座、沙龙等活动，为社群会员搭建与外部组织的代表进行面对面交流与互动的平台，促进资源和信息的流通。此外，企业家社群还可以为社群会员提供更多直接参与合作项目的机会，让社群会员能够通过合作项目获益。这不仅能够提高社群会员的参与度，还能促进企业家社群的健康发展。

建立长期稳定的合作关系

企业家社群与外部组织的合作不应局限于短期的项目合作，而应致力于建立一种长期稳定的合作关系。

长期稳定的合作关系不仅可以帮助企业家社群获得稳定的资源支持，还能让企业家社群在不断变化的市场环境中保持竞争力。为了与外部组织建立一种长期稳定的合作关系，企业家社群需要从一开始就着手构建以信任、透明和共赢为基础的合作机制。此外，企业家社群还应定期与外部组织进行沟通，了解合作过程中的问题和挑战，并及时做出调整，以确保合作关系的持续健康发展。

06　如何通过多种渠道获取收入

在运营企业家社群的过程中，如何获取收入是社群管理者必须面对的重要课题。找到合适的收入来源，不仅能够维持企业家社群的日常运营，还能为社群会员创造更多的价值。接下来，我将结合自己的实践经验，详细介绍企业家社群获取收入的渠道和方式。

收取会员费

对于企业家社群而言，会员费是最直接也是最常见的收入来源。企业家社群通过定期向社群会员收取费用，不仅可以保障社群的基础运营开支，还能够在一定程度上提高会员门槛，从而促进社群整体质量的提升。

值得一提的是，在设定会员费的具体价格时，社群管理者需要综合考虑多种因素，包括但不限于社群的定位、所能提供的服务和资源的价值等。例如，一个专注于为高端企业家提供资源对接、深度商业咨询的企业家社群，其会员费的价格通常较高，而一个以普通资源分享为主的企业家社群，其会员费的价格不宜过高。一般而言，一个成功的企业家社群需要不断优化内容、活动和资源分配，为社群会员提供超出预期的服务与价值，以确保他们在支付费用后感到物超所值。

活动收费

活动是企业家社群运营的重要组成部分。无论是线上论坛、线下沙龙、行业峰会还是闭门会议，这些都是社群会员互相交流、学习和拓展人脉的重要渠道。而通过活动收费，企业家社群可以在提高社群会员参与感的同时获得一定的收入。

具体而言，企业家社群可以根据活动的规模、内容以及嘉宾的影响力等因素来灵活调整社群活动的收费标准。对于大型活动，企业家社群可以通过销售门票、专属权益、衍生品等方式来获取收入。例如，在大型峰会或行业论坛上，企业家社群可以推出定制化的纪念品、书籍、音视频课程等。这不仅可以提升社群的知名度和影响力，还可以为社群带来额外的收入。而对于小型的沙龙活动，企业家社群则可以为社群会员提供免费或低价的参与机会，同时向非社群会员收取一定的费用，从而增加活动收入。

赞助和广告

由于企业家社群聚集了大量有影响力的商业领袖，具有较强的商业化能力，因此，其往往是赞助商和广告主眼中的理想合作对象。换句话说，企业家社群可以通过多种形式引入赞助商和广告主，以增加企业家社群的收入。

首先，企业家社群可以在举办活动时引入赞助商。企业家社群通常会举办行业峰会、沙龙等活动，而这些场合正是品牌曝光的好机会。通过与有实力的赞助商达成合作，为其提供演讲机会、让其在活动过程中设置展示位、冠名特定的环节和奖项等方式，不仅可以提高赞助商的品牌曝光率，还可以给企业家社群带来可观的收入。

其次，企业家社群可以通过广告来获取稳定的收入。例如，企业家社群可以在其官网、微信公众号、线上论坛等渠道为合作伙伴提供推广空间，以获取广告收入。

最后，值得一提的是，在选择赞助商和广告主时，企业家社群必须注意品牌的契合度和对社群整体氛围的影响。举例来说，企业家社群如果引入了与社群定位不符的广告，那么就有可能引发社群会员的不满。因此，企业家社群在选择合作伙伴时必须保持谨慎，确保其产品或服务能够给社群会员带来一定的价值。

提供增值服务

在当今竞争激烈的市场环境中，企业家社群不仅可以通过资源整合和信息共享等方式为社群会员提供价值，还可以通过提供增值服务来获取收入。这些增值服务不仅可以提升社群的服务质量，还能够为企业家社群带来可观的经济回报。

其中，专业的培训课程和咨询服务是企业家社群增值服务的重要组成部分。在百年未有之大变局的背景下，许多社群会员的企业正处于发展的关键阶段，他们迫切需要在战略规划、营销推广、投融资等方面获得专业的指导和支持。因此，企业家社群可以通过邀请行业专家、资深顾问，或者社群内有经验的企业家，为社群会员提供定制化的培训课程和咨询服务。企业家社群可以根据专业性、稀缺性以及市场需求来灵活调整这些培训课程和咨询服务的定价，使其既能够满足社群会员的需求，又能够为社群带来可观的收入。

此外，企业家社群还可以通过为社群会员提供定制化的资源服务来获取收入。企业家社群内部往往有着丰富的行业资源，在帮助社群会员寻找合适的商业伙伴、投资机会，或者为社群会员提供市场推广、法律咨询等服务的过程中，社群管理者可以根据实际情况，向资源的需求方或提供方收取一定的费用。

通过投资合作分享项目盈利

对于部分资源丰富、社群会员关系紧密的企业家社群来说，通过投资合作分享项目盈利是一种获取收入的有效方式。一个成熟的企业家社群往往拥有丰富的资源和强大的资本力量，可以通过建立内部投资基金，对筛选出来的优质创业项目进行投资的方式来分享项目成长所带来的收益，从而实现收入来源的多样化。

07　如何扩大会员规模

扩大企业家社群的会员规模是提升社群影响力和资源价值的关键所在。不断扩大的社群会员规模，不仅能够为社群带来更多的资源和更大的影响力，还能够为社群会员创造更大的价值。然而，要扩大企业家社群的会员规模并非易事，需要社群管理者从多个方面一起发力。接下来，我将基于自己的实践经验，就如何扩大企业家社群的会员规模这个话题，分享一些我个人的方法与经验。

利用现有会员的口碑效应

现有会员是企业家社群最为宝贵的资源，他们既是社群活动的核心参与者，同时也是最有影响力的宣传大使。为了有效扩大企业家社群的会员规模，社群管理者可以充分利用现有会员的口碑效应，通过他们的正面反馈和自发推荐来吸引更多志同道合的企业家加入社群。

其中，确保现有会员拥有良好的体验是口碑营销的基础。因此，社群管理者应持续关注现有会员的体验，及时解决现有会员的问题，并通过高质量的服务和活动提高现有会员对社群的满意度。此外，企业家社群还可以设计一些推荐机制，激励现有会员主动引荐新会员。例如，企业家社群可以引入会员推荐机制，让现有会员推荐符合条件的企业家加入社群。成功推荐企业家加入社群的社群会员可以获得一定的奖励，例如现金红包、社群内部积分以及线下活动的优先参与权等。会员推荐机制不仅可以有效增加社群的曝光率，还能增进现有会员与新会员的联系，增强社群会员的归属感和参与感，从而进一步提升社群的凝聚力。

提供高质量的活动和服务

高质量的活动和服务是企业家社群留住现有会员、吸引新会员的重要手段。对于企业家群体来说，加入企业家社群的首要目的是获取价值，包括但不限于了解最新的行业趋势、参与高质量的资源对接活动、结识志同道合的伙伴、获取更多的商业合作机会等，这些都依赖于企业家社群所提供的活动和服务。因此，要想留住现有会员并吸引新的企业家加入社群，企业家社群就需要持续提供高质量的活动和服务，以增强社群的吸引力。例如，社群管理者可以通过定期调研、与社群会员沟通等方式，了解社群会员的需求。然后，围绕社群会员的需求提供相应的活动和服务，包括但不限于举办行业专家讲座、发布研究报告、组织经验分享会、提供资源对接服务等。这些活动和服务不仅能够提升现有会员的活跃度,还能吸引更多的企业家加入社群。

重视宣传与推广

在信息高度发达的现代社会,为了吸引更多的企业家加入社群,企业家社群需要积极运用多元化的宣传渠道,将企业家社群的优势和特点有效地传递给更多的潜在会员。

首先,在宣传与推广之前,社群管理者需要准确定义企业家社群的核心价值,塑造一个能吸引企业家的鲜明形象。例如,一个主打科技创新的企业家社群,可以将自身定位为"前沿技术交流与资源对接平台",凸显社群在技术研讨、创新合作、资源对接等方面的优势,让潜在会员了解社群的核心优势和定位,从而产生加入的兴趣。

其次,在线上推广中,社交媒体平台是一个重要的宣传渠道。企业家社群可以利用微信公众号、微博等平台,定期发布社群动态、行业资讯、会员访谈等内容。这些内容不仅能够展示社群的专业形象，还能让潜在会员更为深入地了解社群，激发潜在会员的兴趣，使其对社群产生认同感。例如，企业家社群可以通过发布一篇关于会员成功经验的访谈来展示企业家社群是如何帮助企业家获得资源或达成合作的，让潜在会员看到真实的价值和潜在的合作机会。此外，企业家社群还可以通过短视频或直播等形式来呈现活动的精彩瞬间，让企业家直观感受到社群的活跃度和吸引力。这类视觉化内容的传播效果更佳，可以快速吸引企业家的注意力。

再次，线下活动同样是宣传推广的重要组成部分。特别是在大型行业会议、展会或高峰论坛等重要场合，企业家社群可以通过举办分论坛、设立展台、发放宣传资料等方式，向在场的企业家展示社群的独特魅力与价值。此外，企业家社群还可以邀请潜在会员参加社群活动或小型交流会。这种直接的互动往往比线上推广更具感染力，能够迅速拉近潜在会员与社群的心理距离。最后，在活动现场，企业家社群还可以引导对加入社群感兴趣的企业家留下联系方式或扫描二维码关注社群微信公众号，以便后续与这些潜在会员进行更为深入的交流与沟通。

最后，除了直接的推广方式，企业家社群还可以策划一些专门的活动来吸引企业家的注意力。例如，企业家社群可以举办一些公开的线上线下活动，向非社群会员开放有限的参与名额，让他们有机会参与社群的活动。这种"试用"形式的宣传推广方式能让潜在会员切实感受到社群的价值，从而提高加入社群的意愿。

建立灵活的会员制度

不同的企业家在加入社群时，所考虑的因素往往各不相同。一些人可能看重长期的发展机会，而另一些人则可能希望在短期内获得特定的资源。因此，企业家社群可以针对不同背景、行业以及加入动机的企业家群体，建立灵活的会员制度，以满足不同企业家的需求。

其中一种做法是企业家社群可以设置从基础会员到高级会员的不同会员等级,并为不同等级的社群会员提供差异化的服务。例如,基础会员可以获得常规的社群内容和活动参与机会,而高级会员则可以享有更多的专属资源,参与高端的活动。通过这种方式,社群不仅能满足不同企业家的需求,也能增加社群的会员数量,扩大社群的规模。

另外一种做法是企业家社群可以为有意向加入社群的企业家提供短期会员或试用会员选项,以降低加入门槛。通过提供短期的体验机会,潜在会员可以先感受到社群的价值,再决定是否想要长期留在企业家社群里。这种策略不仅能吸引更多的潜在会员,也能提升社群的整体活跃度。

第四章

社群的管理与维护

企业家社群在发展过程中往往会面临各种各样的问题与挑战。一个企业家社群要想获得成功，不仅要为社群会员提供多样化的服务与价值，也要对社群本身进行管理与维护。

01 如何打造一个优秀的运营团队

要持续运营一个企业家社群，单靠个人的力量是远远不够的。换句话说，一个成功的企业家社群的背后往往有一个优秀的运营团队。一个优秀的运营团队不仅能够激发企业家社群的活力，还能通过合理的资源调配、具有创意的活动策划和优质的会员服务给社群会员和社群本身带来长远的价值。接下来，我将围绕如何打造一个优秀的运营团队这个话题，分享一些个人的观点和经验,希望能够为相关从业者提供一些启发。

选择合适的团队成员

一个优秀的运营团队离不开优秀的人才。换句话说,选择合适的人才是打造优秀运营团队的关键一步。一个优秀的团队成员不仅需要具备一定的运营经验,还要有良好的沟通能力、团队协作能力以及对企业家社群的深刻理解。因此,在招聘和选择团队成员时,应重点关注以下几个方面。

一是社群运营经验。虽然许多工作技能可以在工作的过程中慢慢培养,但企业家社群运营与一般的公司运营有很大的不同,企业家社群的运营人员需要对企业家社群的特性、管理模式和互动机制有较为深入的了解,拥有相关经验的人往往能够更快上手并发挥作用。

二是沟通能力与团队协作能力。社群的本质是人与人之间的互动。运营人员不仅要与社群内的企业家沟通，还需要与运营团队内部的其他成员以及外部组织紧密合作。因此，运营团队成员需要具备较强的沟通能力和团队协作能力。

三是创新与策划能力。企业家社群的会员大多是思想活跃、富有创新精神的企业家。为了保持对这群企业家的吸引力，企业家社群需要不断策划新颖的活动。而那些善于创新、策划能力强的人，往往能够快速适应新变化，产生许多有趣的新想法，策划出新颖的活动，不仅能够为社群注入活力，还能提升社群对企业家的吸引力。

四是对企业家群体的深刻理解。企业家往往有着独特的需求和期望。那些能够深刻理解企业家群体的需求、痛点以及期望的人，往往能够在活动策划、内容输出和会员管理等方面为社群会员提供更具有针对性的服务与支持，从而提升社群会员的满意度。

团队培养与能力提升

招聘到合适的人员只是第一步，后续的培养和能力提升至关重要。一个优秀的社群运营团队需要持续学习和不断成长，以应对不断变化的市场环境和需求。因此，打造企业家社群运营团队的一个关键是建立团队培养与能力提升机制，主要包括以下几个方面。

一是系统的入职培训。无论是哪种类型的运营团队成员，在入职时都需要通过系统的入职培训来了解企业家社群的整体运作方式、文化氛围和目标愿景。入职培训的内容包括但不限于企业家社群的使命与愿景、会员结构、运营团队分工、日常运营流程、各类线上线下工具的使用方法等。系统的入职培训可以确保每位加入运营团队的新成员都能够迅速进入工作状态，降低试错成本。

二是定期的专业能力提升。社群运营的要求在不断变化，因此社群运营团队成员需要持续提升专业能力。企业家社群可以为运营团队成员提供内外部的培训机会，帮助他们了解最新的市场动态、实用的运营工具与技巧，从而提升专业能力。例如，负责活动策划的团队成员可以参加活动策划课程，学习如何打造更具吸引力的活动；负责内容运营的团队成员则可以参加内容创作或数据分析方面的培训，从而不断提升内容运营的质量和效果。

三是团队内部的知识分享。除了外部培训，团队内部的知识分享同样重要。每位团队成员在工作中都会积累独特的经验和技巧，通过定期举办内部分享会，团队成员可以分享他们在工作中遇到的问题和解决问题的方法，这样不仅能够提升整个团队的综合能力，还能增加团队的凝聚力。

建立良好的团队文化

建立良好的团队文化是确保团队高效工作和持续发展的关键。一个良好的团队文化不仅能够提高团队成员的工作满意度，激发每个成员的潜力，还能够显著增强运营团队的凝聚力，提升整个团队的工作绩效。建立良好的团队文化需要从多个方面入手。

一是建立有效的沟通机制。有效的沟通机制能够促进信息的流通与共享，消弭误解与隔阂。团队负责人应鼓励团队成员在工作过程中积极表达自己的意见和建议。通过定期的反馈和一对一的沟通交流,团队负责人能够及时了解团队成员的想法与感受,帮助团队成员解决问题,增进团队成员之间的信任与理解。

二是营造互助合作的团队氛围。运营团队的工作往往涉及多个方面的内容,因此,团队成员之间的相互支持与合作显得尤为重要。在具体的工作过程中,团队负责人可以通过组织团队建设活动,让团队成员分享各自的专业知识、成功经验以及面临的挑战,促进团队成员之间的相互了解,进而提升整个团队的综合素质与协作能力。

三是鼓励创新。企业家社群的运营环境复杂多变,运营团队需要有足够的创新能力来应对新的挑战。从这个角度来说,团队负责人既需要鼓励团队成员突破传统思维的局限,勇于尝试新方法,也需要赋予团队成员更多的自主权和创新空间,以激发他们的潜力和创造力。例如,团队负责人可以允许团队成员自己策划活动或提出创新方案,持续优化社群运营模式。

02 如何建立并完善各项规章制度

完善的规章制度不仅可以有效增强企业家社群的凝聚力，保障社群会员的权益，还能显著提升企业家社群的整体竞争力。接下来，我将基于我个人的实践和经验，从会员管理、财务管理、信息管理、活动管理、沟通机制五大方面，深入探讨如何建立并完善企业家社群的各项规章制度。

会员管理

会员管理是企业家社群管理的基础。因此，建立一套完善的社群会员管理制度至关重要。

首先，在社群会员准入方面，明确社群会员筛选标准和入会流程尤为重要。社群的成长离不开新会员的加入，为了保证社群会员的素质和社群氛围，企业家社群必须建立严格的社群会员筛选标准。例如，企业家社群可以根据企业家的行业背景、企业规模、创业经验等条件制定明确的入会要求。此外，企业家社群还应设置合理的入会流程，通过面试、访谈、实地调查等方式，综合考察申请者的背景与需求。

其次，建立会员档案，记录每位社群会员的基本信息、兴趣爱好、专业特长等，有助于企业家社群更好地了解社群会员，从而为他们提供个性化的服务。此外，会员档案还可以作为社群内部资源匹配的重要依据，促进社群会员之间的交流与合作。

再次，在日常管理方面，社群秩序的维护尤为关键。社群管理者应当制定明确的社群规则，涵盖言行规范、互动准则等内容，确保每个社群会员都能清楚地了解自己的责任与义务，从而有效预防违规行为的发生。若社群中出现会员行为对社群氛围产生消极影响的情况，社群管理者应当采取相应的处理措施，以防不良行为的进一步扩散。

最后，社群会员的退出机制同样不可或缺。企业家社群应制定明确的退出机制。当社群会员在一定期限内未参加社群活动，或其行为违反社群规范时，企业家社群可以依据情节轻重采取警告乃至劝退等处理措施。以深圳博商汇为例，社群会员超过六个月未参与社群活动，即视为默认退出。此外，在社群内发布广告、不正当言论并且不听劝导者，社群管理者可以将其移出社群。

总的来说，一套完善的社群会员管理制度旨在营造一个良好的社群氛围，促使每位社群会员都能积极参与社群活动，共同为社群的发展贡献力量。

财务管理

建立并完善财务管理制度是保障企业家社群高效

运作和长期发展的关键所在。通过制度化的财务管理，企业家社群不仅能够提高资金使用的透明度和效率，保障财务安全，还能增强社群的公信力与吸引力。因此，为了实现高效运作和长期发展，企业家社群必须建立一套完善的财务管理制度。

一是设立专门的财务账户，用于管理企业家社群的收入与支出，确保资金流向一目了然。企业家社群的收入包括会员费、赞助费、活动收入等，而支出则包括场地租赁、设备购置、嘉宾邀请等各项开支。通过设立专门的财务账户，企业家社群可以精准追踪每一笔资金的流向，确保资金的合理使用。

二是建立预算制度，对每一个活动或项目均制定详细的预算规划，这不仅有助于企业家社群更好地管控成本，减少浪费，还能作为企业家社群评估活动效果的重要依据。

三是定期发布财务报告，实现财务透明化。企业家社群可以定期（例如每季度或每年）发布财务报告，详细列出收入、支出及结余情况，帮助社群会员更直观地了解企业家社群的财务状况，进而激发他们为社群发展贡献力量的热情。

四是建立严格的审批流程，对于大额支出或重要决策，需要经过社群管理层的共同审议，以确保决策的科学性和合理性。

信息管理

信息如同血液，滋养着企业家社群里的每一位社群会员，推动着企业家社群不断向前发展。然而，信息管理并非易事，信息如同一把双刃剑，既能带来便利，也可能引发混乱。因此，建立一套关于信息管理的规章制度，对于企业家社群来说，显得尤为重要。

一是明确信息的发布规则。在企业家社群中，任何信息的发布都必须经过审核，以确保信息的真实性和准确性。同时，企业家社群要鼓励社群会员提供能够满足社群会员需求的有用信息，而对于那些无关紧要的闲聊、广告等，则要进行严格的限制。

二是建立信息分类和归档制度。企业家社群需要将社群中的信息按照不同的主题进行分类，并建立专门的信息库进行归档,以方便社群会员随时查阅。如此,社群会员可以根据自己的需求,快速找到所需的信息,大大提高了查找信息的效率。

三是制定严格的保密制度。在企业家社群中,经常会有一些敏感的商业信息被分享,如企业的财务数据、市场策略等。为了确保这些信息不被泄露,企业家社群需要制定严格的保密制度,对于违反保密规定的行为,进行严肃处理。

活动管理

对于企业家社群而言,活动不仅是社群会员之间相互交流的载体,也是促进资源共享、深化合作关系、提升社群凝聚力的重要途径。无论是线上还是线下,每一次活动的成功举办,都离不开周密的策划、高效的执行以及活动结束后的总结反馈。为了保证活动的效果与影响力,企业家社群需要制定一套科学、合理的规章制度。

一是规范活动的组织流程。社群活动的成功不仅依赖于创意和资源，还需要有序的组织与高效的执行。为此，企业家社群需要制定一套标准化的活动组织流程，明确从活动策划到执行的各个环节的具体要求。比如：在活动策划环节，涉及活动主题的确定、嘉宾的选择、时间和地点的确定等；在活动宣传环节，涉及推广渠道的选择、信息的传递方式等；在活动执行环节，涉及场地的布置、人员的安排、时间的把控等。一套标准化的活动组织流程不仅可以有效提高活动组织的效率，还能保证活动的每个环节都有章可循，避免因疏漏或不规范的操作导致活动效果不佳。

二是明确活动所需资源的分配原则与流程。对于企业家社群而言，活动所需要的资源多种多样。为了确保资源的合理使用，社群管理者应当明确活动所需资源的分配原则与流程。一方面，活动预算的制定应当科学合理，避免出现超支或资源浪费的情况。另一方面，活动资源的采购与使用需要严格把控，所有支出都应经过审批，避免随意消费或浪费资源。通过明确资源的分配原则与流程，企业家社群不仅可以确保活动资源的有效利用，还能提升活动的整体质量。

三是设置活动参与标准。为了保证活动参与者的质量和活动的效果，企业家社群可以设置一定的活动参与标准。例如，对于高端的闭门沙龙活动，企业家社群可以要求参与者是行业领袖或有具体合作需求的企业家；对于一些公开讲座或线上分享，企业家社群可以适当放宽活动参与标准，鼓励更多的社群会员参与活动。

四是规范活动宣传流程。活动的成功离不开有效的宣传。为了确保活动信息能够准确传递给目标受众，企业家社群需要规范活动的宣传流程。从宣传方式的确定，到宣传渠道的选择，再到宣传内容的审核，都应有明确的规定。例如，企业家社群应规定合理的宣传周期，避免过早或过晚发布活动信息导致宣传效果不佳；加强宣传内容的审核，确保活动的宣传信息真实准确，不能夸大活动效果或误导参与者。

沟通机制

在企业家社群中，社群会员往往来自不同的行业，拥有不同的背景，因此，企业家社群必须建立良好的沟通机制。良好的沟通机制不仅能够促进社群会员之间的交流，也有助于社群管理者更好地了解社群会员的需求、提升管理效率，从而为企业家社群的发展注入源源不断的动力。关于如何建立良好的沟通机制，基于个人的实践与经验，我有以下几点建议，供读者参考。

第一，利用现代化的沟通工具，建立顺畅且高效的沟通渠道，避免因为信息不对称或误解而产生矛盾。例如，企业家社群可以通过社群官网、邮箱、短信、社交媒体等多种渠道发布重要通知和活动信息，以确保社群会员能够在第一时间获取必要的消息。此外，企业家社群可以以周或月为单位，将企业家社群的最新动态和资源信息进行汇总，然后发送给社群会员，以便社群会员全面了解社群的整体状况，提升社群会员的参与感和归属感。

第二，采取分组管理的策略。由于社群会员的背景和需求各异，单一的沟通渠道往往难以兼顾多样化的需求。因此，企业家社群可以根据专业领域、个人兴趣等维度，组建不同的小组，社群会员可以根据专业领域和个人兴趣加入相应的小组。这种分组管理的策略不仅可以极大地提升沟通的针对性和有效性，也能更有效地促进社群会员之间的互动与合作。

第三，倡导积极、开放、包容的沟通文化，促进知识的共享与传递。例如，社群管理者可以在社群内部发起话题讨论，或邀请社群会员分享心得、交流经验，让社群会员感受到来自彼此的支持与鼓励，营造一种良好的沟通氛围。

第四，制定详细的沟通规范，明确社群会员在公共平台上发布信息的频率、内容要求以及沟通方式等，避免出现不当言论。

第五，建立反馈机制，鼓励社群会员对社群的管理、活动等方面提出意见和建议。这不仅可以帮助企业家社群及时发现并解决问题，还可以提升社群会员的参与感和归属感。

03 如何建立社群文化

社群文化是一种无形的纽带,它将社群会员紧密连接在一起,指引大家朝着共同的目标前进。那么,企业家社群应该如何构建社群文化,以实现长期的繁荣与发展呢?这一问题值得深入探讨。

明确愿景和使命

建立企业家社群文化的第一步,是明确社群的愿景和使命。这里需要回答两个关键问题:社群为何而存在？社群要往哪里去？社群的存在价值，即其使命，是社群文化的基础。例如，企业家社群的使命可以是通过资源整合来促进商业合作，或者为社群会员提供高质量的知识支持，以帮助社群会员的企业在激烈的市场竞争中脱颖而出。而社群的远景目标，即其愿景，则是社群会员共同追求的未来状态。这种愿景应当具有足够的激励性和方向性，让每一位社群会员都能感受到参与其中的意义与价值。当企业家社群能够将其使命和愿景清晰地传达给社群会员，并付诸实践时，社群文化的种子便已埋下。

将抽象的理念转化为具体的价值观

在明确了愿景和使命之后，企业家社群需要将抽象的理念转化为相对具体的价值观。这些价值观不仅要符合企业家社群的定位，还要与社群会员的需求和特质相契合。例如，共赢可能是许多企业家社群的核心价值观之一，因为它能够激励社群会员在互动中寻找合作机会，促进彼此的成长。此外，开放与创新等价值观，也可以成为社群文化的重要组成部分，它们鼓励社群会员勇于表达想法，积极尝试新模式，从而推动整个企业家社群的健康发展。

制定行为规范，构建社群文化框架

在明确了愿景、使命和价值观的基础上，企业家社群还需要制定相应的行为规范，以确保企业家社群的有序运营。一套好的行为规范不仅能够有效提升社群会员的互动效率，还可以在无形中强化社群文化。例如，在社群讨论时，提倡尊重与倾听，有助于营造开放且包容的交流氛围；在合作项目中，弘扬互助与共享的精神，则能够激发更多的创新潜能。值得注意的是，一套好的行为规范既要具有引导性，又不能过于僵化，以免对社群会员的自主性和创造力产生负面影响。此外，社群管理者还应关注规则的公平性，确保每位社群会员的权益都能得到充分保障，从而进一步增强社群的凝聚力。

营造社群氛围，增强文化吸引力

社群文化的建设，离不开社群氛围的营造。一个充满活力的企业家社群，往往能够吸引更多优秀的企业家加入社群，从而形成正向循环。企业家社群可以从以下三个方面入手来营造良好的社群氛围。

一是营造仪式感。例如，企业家社群可以在重要节点（如社群成立纪念日、年度峰会等）举办独特的庆祝活动，邀请社群会员共同参与。此外，企业家社群还可以通过入群仪式，让新加入的社群会员感受到社群的热情与重视。

二是建立共同记忆。例如，企业家社群可以定期组织主题活动，如高端论坛、学习分享会等，帮助社群会员建立共同记忆，这些共同记忆将成为社群文化的重要组成部分。

三是强化情感联系。企业家社群不仅是资源网络，更是情感纽带。通过举办轻松的聚会、组织多样化的兴趣活动等方式，企业家社群能够创造更多的机会，促进社群会员之间的非正式互动。这种互动不仅能够提升社群会员的归属感，还能进一步增强社群会员对社群文化的认同感。

04　如何平衡不同会员的需求

社群会员背景多样，在经验、行业、年龄和目标等方面往往存在差异，对于企业家社群所能提供的价值和帮助也有着不同的期待。因此，对于社群管理者而言，有效平衡不同会员的需求是一项复杂但至关重要的任务。

了解不同会员的需求

要想平衡不同会员的需求，社群管理者首先必须充分了解会员的需求。社群会员通常来自各行各业，拥有不同的背景和资源，因而需求往往各不相同。例如，有些会员希望通过社群获取商业信息、学习前沿管理知识；有些会员可能关注资源对接和合作机会；而另一些会员则可能更看重企业家社群带来的影响力和高端人脉；等等。社群管理者可以通过问卷调查、社群内部讨论、一对一沟通等方式，系统性地收集社群会员的需求信息。

找到共同的需求或利益

虽然社群会员的需求多种多样，但是他们通常都有共同的需求或利益。从这个角度来说，社群管理者在平衡不同会员的需求时，应当善于挖掘并放大共同的需求或利益。例如，大多数企业家在加入企业家社群时，都怀揣着通过资源共享、知识分享与经验交流来提升自身商业能力、拓宽人脉网络的愿望。基于这个共同点，社群管理者可以策划相应的活动，如行业趋势论坛、商业合作机会分享会等。这些活动不仅能够满足大多数社群会员的需求，还能有效激发社群会员的参与积极性。

合理分配社群资源

资源分配是社群管理过程中的一项重要工作，合理的资源分配策略能够有效促进企业家社群的健康发展。社群管理者在规划活动和服务项目时，可以根据会员参与度、活动影响力等关键指标，科学合理地分配社群资源，确保核心需求能够优先得到满足，同时兼顾其他需求，最大化地发挥资源的效用。此外，在社群资源紧张时，社群管理者不妨积极与外部组织展开合作，以弥补社群内部资源不足的短板，实现互利共赢。

提供多元化的服务

在社群资源相对充足的情况下，企业家社群可以为社群会员提供多元化的服务，以便社群会员能够根据自己的需求自由选择。例如，企业家社群可以建立"学习型""合作型""资源型"等小组，将各项服务模块化，以满足不同的需求。举例来说，在学习方面，企业家社群可以举办线上课程、专题讲座和行业论坛，帮助社群会员获取前沿知识。在合作方面，企业家社群可以组织商务对接会、项目发布会等活动，促成社群会员间的合作。此外，在资源方面，企业家社群可以为社群会员提供一对一咨询、行业专家指导等服务，让社群会员在遇到实际问题时能够得到相应的帮助。总的来说，在社群资源相对充足的情况下，多元化的服务既能满足不同社群会员的需求，又能够通过模块化管理的方式有效降低成本，提高管理效率。

05　如何应对会员之间的矛盾

企业家社群作为一个聚集了众多有独立见解和多元需求的精英人群的平台，其会员之间难免会因为观点差异、利益冲突甚至性格不合等原因而产生矛盾。若矛盾处理得当，社群氛围将和谐融洽；若处理不当，则有可能导致矛盾激化、会员流失，阻碍社群的整体发展。因此，如何有效应对社群会员之间的矛盾，成为社群管理者不可回避的重要课题。接下来，我将分享一些经验与技巧,以帮助社群管理者有效应对社群会员之间的矛盾,维护企业家社群的和谐氛围。

建立清晰的规则

为了有效预防和处理矛盾,企业家社群在创立之初,就应当建立一套清晰的规则。这套规则可以涵盖尊重他人、维护社群秩序、禁止不当言论等多个方面,主要作用是明确社群的价值观与容忍界限,为社群会员之间的互动设定基本的行为底线,从而规范社群会员的行为,降低矛盾和冲突的发生概率。

在建立一套清晰的规则之后,社群管理者还需要在社群活动和日常交流的过程中,有意识地引导社群会员理解并遵守规则。此外,规则是为了保障每一位社群会员的权益而设立的,因此,在处理矛盾时,社群管理者应当严格遵循规则,不因社群会员的资历、影响力等因素而有所偏倚,确保每位社群会员都能感受到公平公正。

及时介入与调解

当矛盾发生时,及时介入显得尤为重要。拖延处理不仅会让问题恶化,还可能导致更多的社群会员卷入其中。换句话说,一旦社群会员之间出现矛盾,社群管理者就应及时了解情况并积极介入。

首先,在介入之前,社群管理者必须先对矛盾的起因和发展过程有一个全面的了解。在大多数情况下,虽然矛盾往往源于观点或利益的不同,但其背后可能还掺杂着个人情绪、误解等其他因素。因此,社群管理者在介入的过程中要耐心倾听矛盾双方的想法,精准把握矛盾的核心与关键,从而为后续的调解工作奠定坚实的基础。其次,在调解过程中,社群管理者必须秉持中立态度,以理性为基础,尊重并倾听矛盾双方的观点,确保矛盾双方都能感受到公平公正。最后,社群管理者还需要具备一定的利益协调能力,着重强调矛盾双方的共同利益,帮助矛盾双方找到一个彼此都能接受的解决方案。

有效利用意见领袖的影响力

在企业家社群中,意见领袖通常具有较大的影响力,他们的态度和行为对社群中的其他会员有着重要的引导作用。当遇到较为棘手、难以调和的矛盾时,社群管理者可以巧妙地借助社群资源,邀请那些德高望重、广受尊敬的意见领袖参与调解。凭借其在社群中的权威地位,意见领袖的调解通常更具说服力和影响力,促使矛盾双方更愿意倾听并接受调解。一旦意见领袖发声,即便是原本固执己见、互不相让的矛盾双方,也会基于对意见领袖的信任与尊重,展现出更多的包容与妥协,进而使矛盾的化解过程变得更加顺畅与自然。

定期举办互动活动,促进社群会员之间的相互了解

企业家社群的会员往往来自不同领域,拥有不同的背景,彼此之间的了解程度相对有限,这往往是社群会员之间产生矛盾的重要原因之一。为了降低误解

与冲突的发生概率，社群管理者可以通过定期举办互动活动的方式来促进社群会员之间的相互了解。例如，社群管理者可以组织社群沙龙、主题分享、工作坊等活动，并在这些互动活动中设计小组讨论、情景模拟等环节，让社群会员有机会与他人进行深入交流，理解他人的思维模式和行事风格，从而增进彼此之间的了解和信任，减少误解。特别是在企业家社群创立之初，精心策划的互动活动有助于营造良好的沟通氛围，为社群的长期发展奠定坚实的基础。

06 如何提升会员的积极性和活跃度

企业家社群的活力和影响力，往往依赖于社群会员的积极性和活跃度。只有当社群会员积极参与社群活动、分享经验并互相支持时，企业家社群的价值才能得到充分体现。那么，如何才能有效提升社群会员的积极性和活跃度呢？接下来，我将从多个角度，分享一些行之有效的方法和策略。

了解社群会员的需求

要想提升社群会员的积极性和活跃度，首先需要了解社群会员的需求。不同的社群会员在加入社群之初往往怀揣着不同的期望和需求。有的希望通过社群获得行业资源，有的渴望拓展人脉，有的想要学习经验，还有的希望觅得合作机会。对于社群管理者而言，只有充分了解社群会员的动机和需求，才能制定出切实有效的激励策略。

社群管理者可以通过以下两种方式来了解社群会员的需求。一是在社群会员加入社群之际，与他们进行深入沟通，了解他们的业务领域、兴趣爱好以及长远目标；二是定期组织一对一访谈或小组讨论，以了解社群会员的需求和期望。这些信息不仅有助于社群管理者设计个性化的社群活动，同时也能让社群会员感受到来自企业家社群的深切关怀与高度重视，进而提升社群会员对于企业家社群的归属感和认同感。

值得注意的是，社群会员的需求会随着时间的推移而发生变化。因此，社群管理者需要密切关注社群会员需求的变化,并根据社群会员需求的变化及时调整激励策略。

举办丰富多彩的社群活动

举办丰富多彩的社群活动,不仅可以满足不同社群会员的多样需求,还能有效提升社群会员的积极性和活跃度。

线下活动和线上活动相结合是目前许多企业家社群都会采用的方式。线下活动,诸如行业论坛、闭门沙龙、商务考察等,为社群会员提供了面对面深度交流的机会,有助于社群会员加强彼此之间的联系;而线上活动,诸如专题分享会、问答直播、案例解析等,则可以打破时间和空间的限制,为更多的社群会员提供参与活动的可能性。在设计具体活动时,社群管理者需要着重考虑活动的互动性和实用性。例如,可以设置圆桌讨论、项目对接等互动环节,或邀请行业专家答疑解惑,以此增加活动的实际价值和吸引力。

此外,企业家社群还可以定期举办会员生日会、年度聚会等休闲类活动，以此激发社群会员的参与热情，进一步拉近社群会员之间的心理距离，使企业家社群成为一个既蕴含商业价值又充满人文关怀的组织。

制定激励机制

激励机制是提升会员积极性和活跃度的有效工具。激励形式多种多样，既可以是物质方面的奖励，也可以是精神层面的认可。

物质激励方面，企业家社群可以建立奖励制度。例如，社群会员可以通过参与活动、分享资源、提供建议或引荐新会员等方式获得积分，再用积分兑换奖品。奖品可以包括书籍、线上课程、行业资源，甚至是社群内部高级活动的优先参与权或 VIP 身份等。

精神激励同样不可或缺。对于积极参与活动的社群会员，社群管理者可以通过公开表扬、授予荣誉称号以及邀请其担任主持人或分享嘉宾等方式，给予他们应有的认可。从社群会员的角度来看，获得来自社群管理者和其他社群会员的认可，不仅能增强社群会员的自我价值感,还能提升他们在行业中的声誉,这对企业家而言尤为重要。

鼓励会员参与决策

鼓励社群会员参与决策,是有效提升社群会员积极性和活跃度的方法之一。当社群会员有机会参与规则制定、活动策划和资源分配等决策时,他们的责任感会显著增强,进而表现出更高的积极性和活跃度。

首先,社群管理者可以邀请社群会员参与重大决策。对于事关整个企业家社群的重大决策,企业家社群可以通过投票或集体讨论的方式,吸纳社群会员的意见,此举不仅能够增强社群会员的参与感,也能给社群带来更多新的想法和创意。

其次,企业家社群可以鼓励社群会员根据个人的兴趣和专长,自发组织活动或项目,并为其提供一定的资源和支持。这种做法不仅能够充分调动社群会员的积极性,还能培养一批核心会员,进一步提升整个社群的活跃度。

最后，社群管理者可以通过线上问卷、匿名提议等方式，定期收集社群会员的建议与反馈，悉心倾听每一位社群会员的声音。对于一些具有代表性的意见，企业家社群应及时响应，在社群内部公开说明处理结果，让社群会员感受到自己的意见得到了充分的重视。

第五章

私董会：
企业家社群的进阶玩法

面对日趋激烈的市场竞争，企业家群体不仅需要广泛的社交资源和行业信息，还需要更深层次的智慧与决策支持。随着企业家社群的不断成熟和进化，私人董事会（以下简称私董会）逐渐成为备受企业家群体欢迎的一种组织形式。

01 私董会的价值

私董会的起源可以追溯到 20 世纪初期的美国。当时，有不少企业家意识到，尽管他们在日常工作中扮演着重要角色，但在面对复杂的商业环境和巨大的决策压力时，时常深感个人经验和智慧的不足。在这样的背景下，部分企业家开始定期聚集在一起，以相互讨论和交换意见的方式来帮助彼此解决问题、制定战略。这种非正式的聚会后来逐渐演变为一种结构化的组织形式,并引入了专业的教练或顾问来引导讨论。这就是私董会的雏形。随着私董会逐渐展现出强大的生命力,这种组织形式逐渐在全球范围内推广开来,成为众多企业家学习、反思、决策的重要工具。

提供深度的智力支持

企业家在决策过程中时常需要面对多变的市场环境和复杂的问题,独自承担重大的决策责任,因此容易陷入孤独与压力的困境。而私董会通常由经验丰富的企业家组成,他们不仅有着丰富的行业经验,还具备敏锐的洞察力。当某位企业家遇到困难时,他可以与私董会的其他成员一起进行头脑风暴,从不同视角出发,汇聚多方意见,从而做出更为全面且客观的决策。

推动自我反思与成长

在快节奏的商业环境中,企业家常常忙于应对各种事务,鲜有时间和机会进行深刻的自我反思。而私董会的机制和交流内容,却能有效推动企业家认真审视自己的领导风格、企业管理模式以及决策方式。在一个鼓励相互激励与反馈的氛围中,当私董会的成员分享他们的成功经验或失败教训时,在场的其他企业家都能从中获得启示,更清晰地认识到自己在决策制定、沟通协调、团队管理等方面的长处与短板,从而找到自我提升的方向。

提供情感支持与减压渠道

面对瞬息万变的市场环境以及来自他人的种种期望,企业家常常会产生较大的心理压力。与家庭成员或公司员工分享这种心理压力并不合适,而私董会的成员因为经历相似,所以彼此能够产生深层次的共鸣,不仅能够给企业家带来业务上的帮助,还能为其提供一种情感上的陪伴。对于很多企业家来说,私董会的聚会已经成为他们定期排解压力、放松心情的宝贵契机,成员之间的信任与理解让他们在这个小团体中找到了归属感。

提高应对风险的能力

私董会的另一个价值在于提高企业家应对风险的

能力。企业家群体时常会遭遇各种难以预料的风险，例如市场波动、政策调整或供应链中断等。借助私董会，企业家可以及时获取最新的行业动态和趋势预测，从而提前做好有效的防范措施。更为重要的是，当某个成员面临重大挑战时，其他成员往往会凭借他们自身的丰富经验给予支持。在这个过程中，企业家不仅可以有效管理自身的风险，还能从他人应对危机的实践中汲取经验，为自己的企业建立一个更加全面有效的风险防控体系。

02　如何组建私董会

虽然私董会有着诸多好处,但要组建一个高效且有价值的私董会,并不是一件容易的事。接下来,我将从明确核心目标、确定规模、招募成员、签订保密协议四个方面,详细阐述如何组建一个既具有专业深度,又能真正带来价值的私董会。

明确核心目标

一个私董会必须明确其存在的核心目标,是解决特定的业务问题、支持企业决策，还是为私董会成员的个人成长提供支持？私董会的核心目标决定了私董会的运作方式和成员的选择标准。例如，若核心目标是帮助企业解决管理难题，那么私董会成员应具有丰富的企业管理经验；而如果是为个人成长提供支持，那么私董会成员之间应有互补的专业背景。明确目标是私董会获得成功的基石，只有目标明确，私董会成员才能在讨论过程中集中精力，最大限度地发挥私董会的作用。

确定规模

私董会的规模，关乎整个私董会的讨论氛围和互动效果。根据我个人的经验，在确定私董会的规模时，我们需要重点考虑以下几个因素。

一是成员的参与度。对于私董会而言，理想状态是每位成员都能以主人翁的姿态积极参与讨论，形成良好的互动氛围。这意味着在讨论过程中，每位成员的"话语权"都应当得到保障，能够在有限的时间内分享自己的见解，表达自己对其他成员建议的看法，同时也有一定的时间听取他人的意见。尤其是在讨论较为复杂的议题时，这种有序的交流显得尤为重要。而人数过多可能会导致部分成员无法获得足够的讨论时间和参与机会，久而久之，这部分成员的积极性会受到一定的负面影响。

二是议题的复杂性和内容的专业性。在确定私董会的规模时，我们可以根据议题的复杂性和内容的专业性对私董会的规模进行相应的调整。对于一些较为复杂、需要详细分析和深入讨论的议题，规模相对较小的私董会能够让每位成员都可以获得相对较多的时间充分阐述自己的观点，并能围绕同一问题进行多角度的交流与讨论，从而提升问题分析的全面性。而对于一些相对较为简单的议题，私董会的规模可以适当扩大，但仍须保证每位成员都有发言时间和机会，否则讨论的深度与广度都有可能受到负面影响。

三是运营成本和资源投入。私董会的运营与管理需要投入相应的人力和物力。适当的规模有助于私董会在资源有限的情况下实现最大化的产出。从这个角度而言，规模不仅影响讨论氛围和互动效果，还关乎私董会的可持续发展能力。

总的来说，确定私董会的规模并非选择一个数字那么简单，而是一个需要考量多方面因素的综合决策。对于大多数私董会而言，6到12人是一个较为理想的规模。这个规模既能促进有序的沟通交流，也能在信任关系的建立与运营成本的控制等方面实现良好的平衡。当然，在实际运作过程中，我们可以根据具体情况对私董会的规模进行微调，以确保每位成员都能获得良好的体验。

招募成员

招募私董会成员是一个系统工程，我们需要对企业家的背景、能力、性格和参与意愿等多个方面进行全面的评估。

一是企业家的背景。在讨论过程中，成员间的互补性显得尤为重要，尤其是在涉及问题解决和业务挑战的讨论中，来自不同行业的视角往往能碰撞出新的思维火花。因此，一个优秀的私董会在招募成员的过程中，往往会注意吸纳来自不同行业、拥有不同背景的企业家。

二是企业家的沟通能力和心态。私董会的精髓在于开放、坦诚的分享和互动，这就要求私董会成员愿意在相互信任的基础上分享他们的真实想法、面临的挑战和困惑。对于企业家来说，分享失败经历和个人困惑是一个巨大的心理挑战。然而，只有企业家真正敞开心扉，才能充分发挥私董会的作用。因此，在招募成员的过程中，我们要选择那些沟通能力强、乐于分享且善于倾听的企业家。他们通常更愿意接受和采纳他人的意见和建议，有利于营造一个互相尊重和包容的良好氛围。

三是企业家的时间、精力与参与意愿。私董会的有效运行需要成员投入一定的时间和精力。理想情况下，私董会成员应能够稳定地出席每次私董会会议，提前准备好议题，并积极参与讨论。因此，在招募成员的过程中，我们需要与企业家进行充分沟通，确保其有足够的时间、充沛的精力以及强烈的参与意愿来参加私董会的相关活动。

四是企业家的性格。私董会不仅是讨论平台,更是旨在帮助成员共同成长的"微型社群"。因此,在招募成员的过程中,我们需要对企业家的性格进行细致评估。例如,有的企业家性格比较强势,喜欢主导讨论;而有的则擅长倾听,对他人的观点和看法持开放态度。性格本身没有好坏之分,但如果成员间的性格差异过大,可能就会导致摩擦和误解,从而影响私董会的讨论氛围与长期发展。

签订保密协议

签订一份详尽且周密的保密协议,无疑是保障私董会顺利运作的重要举措。由于私董会讨论的议题往往涉及企业内部的诸多核心问题,这些核心问题不仅包括企业的战略规划、经营现状,还可能涉及极为敏感的商业机密、未公开的财务信息以及未来发展方向等关键内容。因此,为了保护每一位成员的合法权益,所有成员都应当签订保密协议,承诺在会议期间及之后，严格恪守保密原则，不以任何形式向外界泄露会议中的讨论内容、决策细节以及企业敏感信息等，共同保护彼此的隐私与商业利益。通过签订保密协议，私董会成员能够在开放的讨论氛围中自由交流意见，而不用担心信息泄露带来的负面影响。

03　私董会的会议流程

为了确保每次会议都能取得实质性的成果，严格遵循会议流程至关重要。一个清晰的会议流程能够保障每位成员都能在有限的时间内获得最大的价值。接下来，我将基于自己的实践经验，详细阐述私董会的会议流程以及相应的注意事项。

会前准备

在会议开始前，做好会议准备工作是会议成功的基础。首先，会议的组织者或私董教练至少需要提前一周向全体成员通报会议的确切时间和地点，以确保每位成员都能准时出席。其次，会议讨论的主题必须在会前确定。私董会成员可以在会议开始前提交议题，内容既可以是企业经营方面的问题，也可以是个人生活中的困扰。为了确保会议讨论的高效性，私董会成员可以通过投票表决等形式选出 1～2 个具有代表性并且大家都愿意投入时间进行讨论的议题作为会议讨论的主要议题。最后，主要议题的提出者需要提前准备好议题的背景材料，这些材料既可以是文字形式的，也可以通过图表、PPT 等形式来呈现，并在会前将这些材料分发给其他成员，以便他们提前熟悉要讨论的议题，并进行初步的思考与准备。

会议开始与议题介绍

会议通常以主持人的引导性发言开场。私董会会议的主持人通常由私董教练担任，他负责控制会议节奏、维持讨论秩序，并引导成员深入剖析问题。在会议开始时，主持人会简要说明会议的目的和议程，并提醒所有成员遵守行为准则，诸如保持开放心态、尊重他人意见以及严格恪守保密原则等。

紧接着，会议进入议题介绍环节。议题提出者可以用 10～15 分钟的时间，详细介绍其所面临的具体问题。需要注意的是，议题提出者不仅要陈述问题本身，还要清晰、具体地呈现问题的全貌，包括但不限于问题产生的背景、原因以及现状等，避免泛泛而谈。其间，其他成员通常需要保持倾听状态，不打断议题提出者的陈述，以便全面了解问题的来龙去脉。

提问环节

在议题提出者陈述完问题后，会议便会进入提问环节。提问环节的目的是帮助议题提出者进一步明确问题的核心，并激发成员的思考。在提问环节，其他成员可以向议题提出者提出自己的问题，问题既可以针对细节，也可以深入探究问题背后的深层次原因。在提问过程中，私董教练的作用是确保提问内容具有建设性，避免偏离主题或者给议题提出者带来过大的心理负担。一般而言，将提问时间控制在 15～20 分钟是比较合适的。

讨论环节

在提问环节结束后，会议便进入了私董会会议最为核心的部分——讨论环节。在讨论环节，所有成员将基于了解到的信息，分享各自的观点和看法，以帮助议题提出者找到潜在的解决方案。为了保证讨论的效果，成员可以借助包括 SWOT 分析法、头脑风暴法、关键路径法等在内的分析工具或框架进行讨论。

需要指出的是，在讨论环节，私董教练的作用不容小觑。一般而言，私董教练需要在讨论过程中保持中立，同时适时引导讨论方向，确保讨论始终聚焦于核心议题。此外，私董教练还要控制讨论时间。一般而言，讨论环节的时长通常为 60～90 分钟，具体可以根据问题的复杂性和实际情况进行灵活调整。在讨论过程中，私董教练需要关注每位成员的发言时长，确保每位成员都能有充分的时间和机会来表达自己的观点与看法。

行动方案制定环节

当讨论趋于结束时，会议便自然而然地过渡到了行动方案制定环节。在这一环节，议题提出者需要结合成员的建议和讨论的结果，提出一个初步的行动方案。这个行动方案不必面面俱到，但应明确后续的行动步骤以及相应的时间安排。例如，如果讨论的议题与企业战略调整有关，那么议题提出者可以承诺在接下来的一周内对企业战略进行重新评估，并在下次私董会会议上分享战略调整后的初步效果。

在议题提出者提出行动方案后，私董教练通常会询问其他成员是否还有补充意见或建议。这不仅为其他成员提供了进一步表达看法的机会，同时也能帮助议题提出者更有效地解决问题。

总结环节

私董会会议的价值不仅在于帮助成员解决问题，

还在于让每位成员在讨论过程中都能有所收获，实现成长。因此，当会议临近尾声时，私董教练可以引导每位成员进行总结，分享个人在会议讨论过程中所获得的感悟与启发。此外，私董教练还可以预告下一次会议的时间和可能的议题，以便私董会成员提前做好相应的准备。

04　如何找到一名优秀的私董教练

在私董会会议中，私董教练至关重要。一名优秀的私董教练不仅能够引导会议的讨论方向，激发成员的思维火花，还能通过专业的辅导帮助成员实现突破。从这个角度而言，找到一名优秀的私董教练是私董会会议取得成功的关键。那么，我们如何才能找到一名优秀的私董教练呢？

明确角色和定位

在挑选私董教练之前,我们首先需要明确他们在私董会会议中的角色和定位。私董教练并不是传统意义上的"讲师"或"顾问",其核心职责在于引导而非教授。他们通过引导式的对话,帮助私董会成员从多个角度分析问题,拓展思路。因此,一名优秀的私董教练需要具备在复杂的讨论中掌控节奏、推动深入交流的能力,确保每位成员都有发言机会,并在讨论中有所收获。

此外,私董教练还需要帮助成员建立心理安全感。在私董会会议中,成员所讨论的问题往往涉及企业的核心战略或个人内心的困惑。只有在高度互信的环境中,成员才会敞开心扉,坦诚分享。因此,私董教练不仅要具备出色的沟通和协调能力,还要努力营造一个良好的氛围,以帮助成员建立心理安全感。

关注经验与背景

私董教练必须具备丰富的商业经验。这是因为私董教练需要在复杂的讨论中快速抓住重点，并凭借自己的丰富经验给成员以启发。如果私董教练的经验不够丰富，对于商业运营缺乏深刻的理解，那么他们在引导过程中可能难以提出能够切中要害的关键问题，也无法帮助成员有效解决实际问题。因此，理想情况下，私董教练应当具备丰富的商业经验，最好拥有多个行业或领域的商业经验，以便为成员提供精确且有效的指导与建议。

评估综合能力

作为私董会会议的主导者，私董教练不仅需要激发成员的讨论热情，还要有效把握讨论的节奏，确保每位成员都能在讨论中有所收获。这就要求私董教练具备出色的综合能力。

一方面，私董教练需要具备良好的沟通技巧和引导能力。一个优秀的私董教练不会将自己的观点强加于人，而是通过倾听捕捉关键信息，并以提问的方式引导成员深入挖掘问题的本质，协助他们自主探寻答案。这种引导式的对话方式不仅有助于成员提升决策能力，还能够促进成员之间的交流与讨论，从而催生更多的创新性解决方案。

另一方面，私董教练还需要有较高的情商以及高超的谈判和冲突管理技巧。私董会会议成员往往来自不同的行业，拥有不同的背景，思维方式也可能大相径庭。因此，在讨论过程中，私董教练需要密切关注成员的情绪波动。特别是在面对敏感话题时，私董教练需要及时发现潜在的冲突，巧妙平衡各方意见，并帮助成员达成共识，共同探寻解决方案。

过往的表现和口碑

在选择私董教练时，除了考察私董教练的职业背景、工作经验与综合能力，过往的表现和口碑也可以作为重要的参考依据。例如，我们可以通过其他私董会、企业家社群等渠道，了解私董教练在其他私董会中的表现，以此来判断私董教练是否适合自己的私董会。毕竟，在私董教练这个领域，过往的表现和口碑往往能够较为真实地反映私董教练在实际工作过程中的专业水平、工作态度以及他们在处理复杂问题时的应变能力，而这些深层次的能力和态度是无法通过简历资料了解到的。

费用与预算

在选择私董教练时，费用无疑也是一个不可忽视的现实考量因素。通常情况下，那些具有丰富经验、专业素养高的私董教练往往价格不菲。因此，在选择私董教练时，我们必须进行审慎的权衡与考量，即私董教练所要求的服务价格是否与我们事先设定的预算范围相契合。换句话说，在选择私董教练时，我们不仅要对私董教练的能力与口碑有充分的了解，还要对自己的财务状况有清晰的认知，以便做出既经济又高效的明智选择。

第六章

企业家社群的高质量发展之路

企业家社群的高质量发展，是一条充满挑战与机遇的道路。本章，我将从数字化赋能社群运营、满足新一代企业家的期望、打造企业家社群品牌以及重视社会责任和可持续发展四个维度，深入探讨企业家社群如何走上高质量发展之路。

01 数字化赋能社群运营

随着数字化技术的快速发展，中国的企业家社群正在迈入一个全新的发展阶段。过去，企业家社群主要依靠线下聚会以及人际关系网络来保持联系，如今，数字化技术的广泛应用正在彻底改变这一传统模式。从大数据的运用到人工智能的兴起，从社交媒体的流行到管理工具的革新，数字化赋能并不是一个简单的概念，而是意味着数字化技术将彻底改变企业家社群的组织方式、沟通方式、内容形式以及互动体验。对于企业家社群而言，数字化赋能社群运营是一个不可忽视的发展趋势。

让社群管理更加精准高效

在传统企业家社群的运营模式中，社群管理者需要投入大量的时间与精力用于收集会员信息、组织活动以及管理社群。然而，这种运营模式效率低下，难以有效应对社群规模的持续扩大以及社群会员需求的日益多样化。数字化工具的引入，为社群管理者提供了更高效的管理手段，不仅降低了人力成本，还显著提升了管理的效率。借助数字化技术，企业家社群可以搭建完善的会员管理系统，实现从会员招募到活跃度分析的全流程数字化管理。例如，利用大数据分析技术，社群管理者可以更好地了解社群会员的背景、兴趣、行业需求等信息，从而为每位社群会员提供个性化的服务。同时，基于数据反馈，社群管理者还能快速评估活动成效，及时调整活动内容。总的来说，数字化技术的应用,不仅使社群管理更加高效,也为社群带来了持续优化的可能性。

提升内容价值与传播效率

企业家社群的核心价值之一在于知识共享和经验交流,而优质内容是实现这一价值的关键。数字化技术为内容的生产、传播和互动提供了更多的可能性,使企业家社群能够以更低的成本、更快的速度触达更多的目标受众。例如,通过微信公众号、知乎等自媒体平台,企业家社群可以发布深度分析文章、行业洞察报告等优质内容,为社群会员提供高品质的知识服务。同时,短视频平台如抖音、快手等也为社群带来了全新的传播形式。通过创意短视频和直播,企业家社群不仅能够与目标受众建立深度的互动联系,还能吸引更多的企业家加入社群,扩大社群的规模。

优化互动模式

数字化技术不仅改变了内容传播方式,也革新了企业家社群的互动模式。过去,企业家社群的互动大多依赖于线下的聚会、论坛、讲座等方式,这些方式的效率相对较低,且受到时间和地点的严格限制。而数字化技术打破了这些限制,使得社群会员之间的互动变得更加高效、即时和多样化。

即时通信工具,例如微信和钉钉,为社群会员提供了便捷的沟通渠道。通过微信群、讨论组,社群会员可以随时随地分享经验、解答疑问。同时,小程序和在线平台还具有投票、报名、问卷调查等功能,能够帮助社群管理者快速收集会员信息、高效组织活动。

此外,数字化技术还能丰富企业家社群的互动方式。例如,企业家社群可以通过线上直播让社群会员与行业大咖进行交流,或者利用虚拟现实技术打造沉浸式的线上社群活动。这些新颖的互动方式不仅能够提升社群活动的趣味性和吸引力,还能进一步加强社群会员之间的联系,增强社群的凝聚力。

促进社群的商业化与资源整合

对于许多企业家社群而言,如何实现商业价值是一个不可忽视的重要命题。在这个方面,数字化技术能够为企业家社群提供强有力的支持，助力企业家社群整合多方资源，更好地探索商业化的路径，进而为社群会员创造更大的价值。

借助数字化技术，企业家社群能够精准绘制会员画像，为商业合作创造可能。例如，某些企业家社群可以通过分析社群会员的行业领域和业务需求，与相关供应商或投资机构建立合作关系，推出能够满足社群会员需求的定制化服务和解决方案。

此外，借助数字化技术，企业家社群能够更有效地整合和调配资源。例如，在举办一场在线论坛或行业峰会时，企业家社群可以利用数字化技术轻松协调嘉宾、赞助商和活动参与者，并通过直播、回放等多种形式，有效提升活动的影响力。

应对数字化转型中的挑战

尽管数字化技术为企业家社群带来了诸多机遇，但企业家社群也会面临一定的挑战。例如，数字化技术的运用需要一定的投入，这对于资源相对有限的企业家社群而言，无疑是一大考验。此外，过度依赖数字化技术可能会导致人与人之间真实互动的减少，进而影响社群会员之间的情感联系以及社群会员的归属感。

为应对这些挑战，社群管理者需要采取稳健的数字化转型策略。一方面，可以通过引入专业团队或与技术服务商合作等方式来提升数字化技术的使用效果；另一方面，企业家社群应注重线上与线下的结合，将数字化技术作为辅助工具，而不是完全替代传统的运营方式。此外，企业家社群还可以通过定期的数据分析与反馈机制，不断优化数字化运营策略，确保其能够真正满足社群会员的需求。

02 满足新一代企业家的期望

近年来，新一代企业家逐渐成为中国经济的重要驱动力。他们的成长背景、思维模式和价值观与老一辈企业家截然不同，这种变化也对企业家社群提出了全新的要求。为适应这一变化，企业家社群需要调整服务模式，以满足新一代企业家的期望。

新一代企业家的特质与需求

与老一辈企业家相比，新一代企业家大多诞生于信息技术快速发展的时代,他们对于企业家社群的期望更为多元化。

首先,新一代企业家更加开放。不同于老一辈企业家注重长期稳健发展,新一代企业家更倾向于拥抱变革,快速捕捉机遇。他们期待企业家社群能够为他们提供最前沿的行业动态、创新的商业模式以及高效的学习与合作环境。

其次,新一代企业家更注重个性表达与价值认同。他们希望在企业家社群中找到与自己志趣相投的伙伴,而不仅仅是利益相关的合作对象。他们尤为关注社群文化是否与自身价值观相契合,以及社群是否能够尊重并彰显每个社群会员的独特个性。

最后,新一代企业家普遍对技术保持着高度的敏感性,并乐于尝试各种新工具与新平台。他们希望企业家社群能够充分利用数字化技术的优势,给他们带来便捷、灵活且充满互动性的良好体验。

培育适合新一代企业家的社群文化

为了满足新一代企业家的期望,企业家社群需要

第六章 企业家社群的高质量发展之路

重新审视既有的文化基因，积极培育适合新一代企业家的社群文化。

首先，开放、包容是基础。企业家社群需要建立一个开放、包容的环境，让每一位社群会员都能自由表达观点、分享经验，摆脱传统权威或条条框框的束缚。这样的氛围能够有效激发创新思维，促进来自不同领域的企业家展开深度合作。

其次，强调共同成长的理念。对于新一代企业家而言，企业家社群不仅是一个交流信息、寻找合作机会的场所，也是一个挑战自我、促进个人成长的重要平台。通过举办跨领域的学习工作坊、主题沙龙以及行业洞察分享会，企业家社群能够为社群会员提供持续学习的机会，帮助他们不断汲取新知，拓宽视野，进而实现自我突破与成长。

最后，满足个性化需求是关键。新一代企业家追求个性化的社交体验，因此，企业家社群需要紧密结合社群会员的兴趣爱好、行业背景以及个人发展阶段，为社群会员提供能够满足其个性化需求的服务。例如，企业家社群可以建立聚焦于特定主题的小组，鼓励社群会员根据个人兴趣参与交流与讨论，这样既能有效提升企业家社群的活跃度，又能满足社群会员的个性化需求。

构建跨界协作的生态圈

新一代企业家普遍具有跨界思维，他们希望通过企业家社群接触到来自不同领域的资源与机会。因此，企业家社群需要着力构建跨界协作的生态圈。

一个成功的生态圈不仅包括企业家群体，还应广泛吸纳学者、技术专家以及创意人士等各类人才。通过搭建跨学科、跨领域的对话与交流平台，企业家社群能够进一步激发创新合作的新潜能。例如，消费品行业的企业家与人工智能专家的跨界合作，极有可能孕育出全新的智能消费品。

此外，生态圈的建设也需要注重可持续性。企业家社群可以引入更多与公益或社会责任相关的项目，以吸引新一代企业家积极参与。这一举措不仅能够增增强社群会员对于企业家社群的认同感,还能有效提升社群的社会影响力。

03　打造企业家社群品牌

打造企业家社群品牌是一个系统性的大工程，它既需要精准的定位和高效的运营策略，也需要围绕社群会员的需求，不断优化社群服务，提升价值感和影响力。一个优秀的企业家社群品牌不仅能够扩大企业家社群的影响力，还能吸引更多的优质企业家加入社群，扩大社群的规模。接下来，我将从明确品牌定位、设计社群标识、策划优质活动、加强品牌传播等方面，详细阐述如何打造企业家社群品牌。

明确品牌定位

明确品牌定位是打造企业家社群品牌的第一步，也是最为关键的一步。企业家社群需要确定一个清晰、独特的品牌定位，以准确反映企业家社群的特色和理念。例如，如果企业家社群旨在为高科技领域的创业者提供服务，那么品牌定位可以侧重于创新、科技与前沿思维等，以吸引目标领域的企业家加入社群，从而形成一个聚焦科技发展与创新的生态圈；而如果企业家社群的目标群体是传统行业的企业家，那么企业家社群的品牌定位则可以强调实战经验、商业模式转型、资源整合等，以帮助传统行业的企业家提升企业竞争力。无论采取哪种品牌定位，关键是要确保品牌定位既清晰又具有独特性，唯有如此，才能在众多的企业家社群中脱颖而出。

设计社群标识

社群标识不是一个简单的符号，而是社群文化、价值与目标的综合表达。一个具有辨识度和深刻内涵的社群标识，不仅能够增强社群会员的荣誉感，还能展现社群的独特魅力。如何设计一个既独特又富有意义的社群标识，是每个企业家社群都需要认真思考的问题。

首先，社群标识要与社群定位相匹配。例如，一个面向创新型企业家的企业家社群，其社群标识可能需要巧妙融入一些象征科技与创新的元素，诸如采用简洁的图形，并配以大胆鲜明的颜色；而服务传统行业企业家的企业家社群，在设计社群标识时则可以选择更稳重、成熟的颜色，以凸显社群的专业性和可靠性。

其次，社群标识应当简洁且富有象征意义。一个好的社群标识，往往形式简单，却能引发深远联想。换言之，社群标识不宜过于复杂，而应通过简洁的设计元素来有效地传达核心价值。例如，某些企业家社群标识会采用抽象的图案来传达团结、连接、共享等理念。此外，社群标识的色彩搭配同样重要，不同的颜色有着不同的情感寓意，例如，蓝色象征信任与专业，橙色象征活力与创新。合理运用色彩搭配可以强化企业家社群的品牌特性。

再次，除了外观设计，社群标识所蕴含的意义同样重要。一个富有深意的社群标识能够让社群会员在看到它时，就联想到社群的使命与价值。从这个角度来说，企业家社群在设计社群标识的过程中，可以融入社群文化或社群创始人的核心理念，也可以采用与社群发展历史紧密相关的象征性元素。例如，企业家社群可以将社群的愿景或宗旨巧妙地融入社群标识，借助生动形象的元素来传达社群的核心理念。这样的设计不仅赋予了社群标识更为丰富的象征意义，还能进一步增强社群会员的凝聚力。

最后，在设计社群标识时，我们不仅要追求视觉上的美感，还需考虑社群标识的适用性。也就是说，社群标识应当能够灵活运用于多种不同的场景，涵盖社交媒体、网站界面、名片、礼品等。因此，企业家社群在设计社群标识时，既要保证社群标识在各种尺寸下——无论是小到名片，还是大到背景板——都能清晰可辨,还要保证社群标识在不同的色彩背景下都能保持高辨识度,从而使社群标识在多种应用场景中都能有良好的呈现效果。

总而言之,设计社群标识需要考虑多个方面的因素。这不仅要求设计师具备创意,更要求社群管理者对社群文化、目标及未来发展有着清晰而深刻的理解。一个独特且富有意义的社群标识能够成为企业家社群的重要资产,不仅能够促使社群会员产生强烈的身份认同感,还能帮助企业家社群在众多的企业家社群中脱颖而出。

策划优质活动

在企业家社群的品牌建设过程中,通过活动精准展现品牌理念、增强会员认同感,并扩大社会影响力,是几乎每个企业家社群都会采用的重要策略。

首先,高质量的活动能够让企业家社群品牌从抽象的概念转变为具体的体验。品牌的内涵往往需要通过具体的行动来体现,而活动正是一个天然的展示窗口。从活动主题到流程设计，活动中的每一个环节都能传递社群的核心理念。例如，一个致力于创新的企业家社群，可以举办前沿技术分享会或创业成功案例研讨会，让社群会员在活动中感受到社群对于创新精神的重视。

其次，活动是企业家社群向外界展示社群品牌的重要窗口。一场精心策划的活动，不仅能够有效激发社群会员的参与热情，还能通过广泛的传播效应，吸引更多的企业家加入社群。社交媒体时代，活动中的精彩瞬间、权威人士的发言以及现场互动的氛围等都可以通过照片、视频及直播等形式得到广泛传播，从而帮助企业家社群建立一个专业、可信且极具吸引力的品牌形象。

最后，活动设计需要与社群品牌的核心价值保持一致。无论是正式严肃的高端会议还是氛围轻松的社交聚会，这些活动都应以品牌调性为贯穿始终的主线，与社群品牌的核心价值保持一致。这种一致性不仅要体现在活动的主题与形式上，还要体现在活动现场的每一处细节中，比如场地布置、礼品设计等，从而通过潜移默化的方式，增强活动参与者对于企业家社群品牌的记忆与认同。

总而言之，活动是企业家社群打造社群品牌的强大工具，它能够让社群品牌从理念走向实践，从抽象走向具体。通过精心设计的活动，企业家社群不仅能够增强内部凝聚力，还能树立鲜明的品牌形象，为企业家社群的长远发展注入源源不断的活力。

加强品牌传播

一个优秀的企业家社群品牌不仅需要内部会员的认同与支持，更需要在外部环境中形成良好的声誉和广泛的影响力。从这个角度而言，加强品牌传播无疑是打造社群品牌的重要手段。企业家社群需要借助多样化的渠道和方式，有效传播品牌形象与核心理念，从而增强社群品牌的影响力。

首先，打造优质内容。企业家群体对内容的要求普遍较高，他们注重内容的专业性和实际价值。因此，企业家社群需要以社群会员关注的领域为基础，精心打造优质内容，诸如行业趋势报告、成功案例剖析或独家深度访谈等。此外，内容的呈现形式也要实现多样化，以满足不同受众的多元化需求。

其次，传播渠道的选择同样至关重要。在当下的信息环境中，企业家社群要想脱颖而出，就必须灵活运用多种传播渠道。社交媒体，特别是微信这类平台，无疑是不可忽视的强有力工具，能够帮助企业家社群迅速且精准地触达核心目标群体。此外，行业内的专业媒体、线下的峰会论坛以及合作伙伴所掌握的传播资源，同样也是企业家社群可以有效利用的传播渠道。通过整合不同渠道的传播力量，企业家社群的品牌信息能够覆盖更广的范围，进而形成多层次、立体化的影响力。

再次，除了单向传播，加强互动也是一种重要的传播策略。企业家社群可以通过举办线上问答、直播分享等活动，或者在社交平台上发起讨论话题，主动吸引人们的广泛参与。互动不仅能够有效提升企业家社群的活跃度，还能让更多人深入了解企业家社群的文化内涵与价值理念，使企业家社群在人们的心中留下鲜明的品牌形象，进而形成长期的品牌效应。

最后，品牌传播需要保持一致性。一个具有影响力的企业家社群品牌并不是在短时间内就能够建立起来的，而是需要经过长期的努力和积累。因此，在品牌传播的过程中，企业家社群必须始终保持品牌传播的一致性，无论是视觉设计还是内容风格，都要与社群的核心价值观相吻合。这种一致性不仅能够强化品牌形象，还能进一步增强人们对于企业家社群的信任感。

04　重视社会责任和可持续发展

近年来,全球性挑战,诸如气候变化、资源短缺以及社会不公等问题越发凸显,消费者、投资者和政策制定者对企业的期望亦随之不断提高。企业不仅要为经济增长贡献力量,也需要对社会和生态环境承担更大的责任。这一趋势不仅影响了企业的发展路径,也对企业家社群的发展产生了重要影响。作为连接商业和社会的桥梁,企业家社群天然具备引领社会风尚的潜力，能够在社会责任与可持续发展方面发挥积极作用。

通过多种形式履行社会责任

企业家社群可以通过多种方式促进企业家群体履行社会责任。

一是搭建学习与交流的平台。社会责任和可持续发展是较为复杂的议题，许多企业家虽然对此已经有了初步的了解和认知，但在具体实践过程中仍然可能面临困惑。为此，企业家社群可以通过举办专题研讨会、培训课程以及案例分享会等形式来帮助社群会员加深对这些议题的理解。例如，企业家社群可以邀请行业专家讲解 ESG（环境、社会和治理）的应用实践，或展示绿色经济模式的成功案例，鼓励企业家将理念转化为实际行动。

二是推动资源整合与跨界合作。企业家社群具备跨行业、跨领域的资源整合能力，可以为社会责任项目搭建合作平台。比如，在环保领域，制造业企业可以与科技公司合作，共同研发低碳生产技术；在教育领域，不同行业的企业家可以联合行动，为贫困地区提供更多的教育资源；等等。

三是建立社会责任激励机制。为了更好地推动企业家承担社会责任，企业家社群可以在社群内部设立社会责任奖项或表彰制度。举例来说，企业家社群可以通过建立数据化的社会责任积分系统，记录社群会员的公益活动参与情况，并给予相应的认可或奖励，如在社群活动中为其提供更多的展示机会或优先对接高价值资源的权益。此外，企业家社群可以设立"年度社会影响力企业家"奖项，表彰那些在环境保护、社会公益和公平雇佣等方面表现突出的社群会员。此举不仅能为获奖者提供更多的展示机会，还能树立榜样，激发社群会员的积极性，从而带动更多的企业家积极承担社会责任。

推动企业家社群的可持续发展

如果说履行社会责任是行动上的庄严承诺，那么致力于可持续发展便是战略层面的明智抉择。具体来说，我们可以从以下几个方面入手，来推动企业家社群的可持续发展。

一是明确企业家社群的可持续发展愿景。一个有远见的企业家社群,应在其愿景中明确提出对可持续发展的坚定承诺。这不仅能够吸引志同道合的企业家加入社群,还能为企业家社群提供明确的发展方向。例如,企业家社群可以将"推动绿色发展""促进社会平等""赋能公益事业"融入社群的愿景,以此作为行动的根基。

二是强调可持续发展的实践与分享。一方面,企业家社群可以在日常运营过程中融入更多的可持续发展实践。例如,在组织线下活动时,尽量减少一次性用品的使用,倡导绿色出行;在选择合作伙伴时,优先考虑那些具备强烈社会责任意识的企业。另一方面,企业家社群也可以鼓励社群会员分享各自企业在可持续发展方面的成功经验,通过相互学习,进一步推动可持续发展理念的落地。

三是以价值观吸引更多的优秀企业家加入社群。当一个企业家社群以可持续发展为核心价值观时,自然会吸引那些认同可持续发展理念的企业家。这不仅能提升社群会员的文化契合度，还能形成一个目标一致、更具凝聚力的群体。在这样的社群中，社群会员之间将建立深层次的信任与合作关系，从而释放更大的潜能。

与外部力量携手共进

在履行社会责任和推动可持续发展方面，企业家社群还可以主动与外部力量携手，调动更多的资源。

一是与公益组织合作。企业家社群可以与公益组织建立合作关系，共同策划并实施社会责任项目。例如，企业家社群可以联合环保机构共同开展海洋垃圾清理行动，或者协同教育基金会为贫困地区捐赠远程教育设备等。这类合作不仅能增强社会责任项目的影响力，还能为企业家社群带来更高的社会关注度。

二是积极与政府部门沟通。政府是推动可持续发展的重要力量，企业家社群应主动加强与政府部门的沟通，及时掌握相关政策动向，并积极争取支持。例如，在推动绿色产业发展的过程中，企业家社群可以组织社群会员所属企业向政府建言献策，或者向政府申请专项补贴和技术支持。

三是吸引媒体关注，提升影响力。由于媒体在传播可持续发展理念方面具有不可忽视的作用，所以企业家社群可以通过策划高品质的公益活动或发布有影响力的研究成果等方式吸引媒体进行报道。这不仅能有效提升企业家社群的品牌形象，还能让相关议题受到更为广泛的社会关注。